JN410725

노을빛 수채화

노을빛 수채화

구 충 회 시조집

도서출판 조은

치솟는 太陽같아라

柳 聖 圭
세계전통시인협회 회장

구충회(具忠會) 시인이 〈노을빛 수채화〉란 시조집을 펴내며 나에게 서문을 부탁한다.

이 분은 필자의 발행지인 《時調生活》에서 필자의 심사로 등단한 연유도 있거니와, 1년 내내 내 집에서 시조 창작의 내공을 함께한 정분을 잊지 못해 부탁했을 것 같아 감개가 무량하다.

구 시인은 충남 보령 태생으로, 은빛 억새 물결치는 오서산(烏棲山) 끝자락-저만치 바다를 보며 시심(詩心)을 키웠다. 그는 생김새부터가 우람한 헌헌장부(軒軒丈夫), 한가락 할 사람이다. 활달한 성격, 유별난 집중력, 게다가 충직한 성실성은 현달(顯達)을 보장받고 태어난 분이다. 아니나 다를까, 그는 교육행정과 안보교육의 거장이 되더니, 그것도 모자라 시단(詩壇) 정상의 자리까지 노리는 욕심쟁이다.

구 시인은 건국대학교 국어국문학과와 고려대학교

교육대학원을 거쳐 대망의 길을 열어간다.

수원여고 교사 때 교육학 석사로서, 교육개혁의 일환으로 전국에서 처음으로 실시되는 제1회 장학사 공채 합격 후, 승승장구-경기도교육청 장학담당 장학사, 고등학교 교장, 다시 공채로 장학담당 장학관이 되더니, 중등교육과장, 교육국장, 경기도외국어교육연수원장직을 마치고, 강남대학교 대우교수로서 학교교육론 및 교육행정을, 경희대교육대학원에서는 인간관계론을 강의하는가 하면, 한국군사문제연구원에서 소정의 과정을 마친 후, 안보교육에 온 힘을 쏟고 있는 중이다.

이처럼 타의 추종을 불허하는 진출력(進出力)은 드디어, 2011년《時調生活》제87호에 시조시인으로까지 등단했다. 뒤이어 2014년에는《문예비전》을 통해 수필을, 2016년에는 시부문의 신인상을 수상했다. 2015년에는 부인 오선옥 여사까지 시로 등단했다니, 시인 부부가 되는 셈이다.

필자는 그의 시력(詩力)의 출중함과 성실성에 감동받아 제1회 세계전통시인협회 작품상 및 공로상을 드리고, 세계전통시인협회 한국본부 총괄처장이란 중책을 부탁했던 것이다. 이렇게 구시인의 시적 배경을 상술했음은 그의 시를 올바르게 감상하기 위함이다.

"국어교사 19년에 문학적 소양 부족이 늘 마음에 걸렸는데, 이제라도 다시 교단에 서서 문학적 향훈을 제

자들에게 전해주고 싶지만 어쩌랴. 이 시집으로 대신할 밖에."란 아쉬움을 금치 못하는 구 시인의 말은 각별한 제자 사랑과 교육자적 양심이 아니고 무엇이랴.

이제 구시인의 시조감상 산책길에 오를 차례다.

오욕에 젖었으면
햇볕에 말려야지

세파에 찌든 때는
달빛으로 빨아야지

번뇌가
묻은 거라면
별빛으로 지우리

–「사무사(思無邪)」 전문

내가 첫머리에 사무사(思無邪)란 시를 내세운 것은, 시는 바로 사무사(思無邪)이기 때문이다. 인류의 스승이신 공자께서 어지러운 세상을 제도(濟度)할 목적으로 펴내신 시경(詩經) 속에 '詩三百 思無邪'란 구절이 나온다. 이 말은 시경 속에 실린 311편의 시들이 당시 유행하는 시들 중 권선징악(勸善懲惡)이 될 만한 시인지라, 그 시들은 '생각에 사특함'이 없다는 뜻이다. 좋은 시를 읽게 함으로써 착한 사람이 되게 하면, 세상은 자연히 평화로워질 것이라는 말이 된다.

구 시인이 사무사(思無邪) 정신으로 시를 대하고 있

으리라 여겨지는 것은 그의 시가 이를 증명한다. '오욕은 햇볕에 말리고, 세파에 찌든 때는 달빛으로 빨고, 번뇌는 별빛으로 말려야 한다는 것'은 시를 대하거나 쓰기 전에 갖춰야 할 시인의 정신적 기본자세를 갈파(喝破)한 표현으로, 그 상징성이나 절제미 그리고 짜임새가 일품이다.

푸르락 누르락
누르락 붉으락

삶이란 그런 거다
변하는 게 인생이야

가시밭
헤쳐 나가다
쪼그라든 황혼이지

—「대추알」 전문

이 시의 내용은 인생이란 변하는 것, 그러다가 고생 끝에 '쪼그라드는 것'이라 했다. 그렇다. 불가(佛家)에선 인생을 고해(苦海)라 했고, 유교에서는 "인생은 항해(航海)니라"(Life is a voyage.)라고 했으며, 시르레르는 "인생의 오월은 오직 한번 꽃을 피울 뿐, 다시는 피지 않는다"(Des Lebens Mai blüht einmal und nicht wieder.)라고 했다. "허무하고, 허무하고, 허무하고, 허무하고 또 허무하구나" 이 누구의 말이었나. 그러기에 인간은 종교를 갖게 마련이고, 구원(久遠)을 노래하는 것이 아니겠나. 자그마한 소재를 가지고 인생의 문제로까지 확산시킨 시적변용에 유의할 필요가 있는 작품이다.

임이여, 하현달로
그려 놓은 박제였네

핏기는 노을 되고
뼈만 남은 저 기백

가지 끝
몸부림치는
승천이라 시리겠다

—「세한도 1」 전문

〈세한도 1〉은 구 시인의 대표작 중 하나다. 제주도로 유배 간 추사 김정희의 세한도 그림은 추운 겨울을 그린 그림이다. 쓸쓸하고 활량하기 그지없다. 구 시인은 이 그림을 보고 극도의 절제력을 발휘하여 박제된 하현달 같다고 노래했다. 이런 고도의 심미안으로 스스로의 시도 박제된 하현달이 되고 만 것이다. 세한도란 그림 속에는 구 시인의 세한도란 시가 있고, 구 시인의 시속에는 세한도란 추사의 그림이 들어있다. 세한도에 그려진 노송은 아마도 시인 스스로의 삶과 정신 같은 것이라 여겼을 법도 하다.

내 몸에는 남몰래
봄이 오는 길이 있다

첫눈을 사로잡고
핏줄로 스미다가

가슴을 적시는 그 길
눈 감으면 보이는 길

－「봄이 오는 길」 전문

생(生), 장(長), 수(收), 장(藏)은 우주 삼라만상의 로드맵이다. 봄은 생(生)이다. 모든 것의 출발이자 소생이란 점에서 희망의 상징이기도 하다. 구 시인의 특출한 상상의 날갯짓은 우리를 놀라게 한다.

'내 몸 안에 봄이 오는 길이 있다니' 낯설기 작업의 표본을 예서 본다. 우리가 알고 있는 길은 육안으로 보이는 산 넘고 강을 건너오는 길인데, 구 시인의 봄이 오는 길은 눈감아야 보이는 길이다. 역설적인 표현을 빌려 시적변용에 성공한 작품이라 할 것이다. 시인이란 이렇게 심전(心田)에다 꽃을 가꾸는 사람인 것이다.

성골의 뼈를 갈은
하얀 흙이겠지

산이랑 강에다가
달빛 뿌려 빚었으리

아뿔사,
학이 날던 날
도공은 눈멀었네

－「청자를 보며」 전문

고려청자는 함부로 얻어진 게 아니란다. 주재료가 되는 흙부터 엄선될 일이니, 신라시대 최상위 신분인 왕족의 뼈를 곱게 갈은 하얀 가루처럼 고품질의 흙이어야 한단다. 이 흙에 우리의 아름다운 산과 강의 푸르름을 색소로 섞은 다음, 은은한 달빛을 뿌려 빚어 만든 비색(翡色)의 신품(神品)이란다. 고려청자의 품격을 높이기 위한 시인의 노력이 돋보이는 작품이다.

이러한 신비의 걸작은 청자에 학을 그려 넣을 화룡점정(畵龍點睛)의 마지막 순간, 온 열정을 작품에 쏟아 부은 나머지, 도공은 아마도 눈이 멀어버렸을 것이라는 시인의 상상은 참으로 놀랍다. 뼈를 깎아 만든 흙, 산빛 물빛을 섞어 만든 비색, 은은한 달빛-참으로 대단한 상상력이다. 무겁고 진한 시다.

팔달산 뻐꾸기는
눈만 뜨면 울어 댄다

허기진 내 젊은 날
풋내 나는 사랑 찾듯

오늘도
초록에 헹군
이슬방울 토해낸다

—「팔달산 뻐꾸기」 전문

뻐꾸기 소리가 젊은 날의 허기진 사랑을 찾는 듯하고, 그 소리는 이슬방울처럼 신선하고 영롱하다고도 했다. 아마도, 자신의 사랑이 이처럼 아름답고 깨끗하기를 바라는 마음이 내재된 시가 아닐까.

누군들 아니 그러랴. 삶의 지고(至高)한 절대가치는 미(美)의 소유다. 미의 정의는 별의별 것이 다 있지만, 에머슨은 "미는 젊은 혼의 지도자"라 했고, 영국 속담에 "덕이 없는 미는 향이 없는 장미 같다"고 했다. 인간사 결국은 미의 소유자가 되고 싶은 것이다. 죽어라 공부하는 것도 아름다운 상대를 얻고자 함이 아닌가. 단지, 그 미는 덕이 있어야지.

수시로
누런 냄새
빨아 먹는 청춘아

버리고
짓밟는 심사
모를 리 없건만

꿈 이길
시련 있더냐
몸 사르지 말게나

–「담배꽁초」 전문

이 시는 다분히 교훈적 목적을 지닌 시이기는 하지만, 유머와 위트가 있다. 이런 해학시는 우리에겐 고마운 존재다. 수시로 피워대는 담배를 누런 냄새로 비꼬아대는 것은 또 하나의 수사법이다. 피우다 남은 담배꽁초를 아무데나 버리고나서 일부러 짓밟고 비벼대는 심보는 또 무엇이냐고 나무란다. 젊은이들이 이 시대를 살아가기가 무척 힘들다는 것은 이해하지만, 불평불만은 이에 대한 해법이 될 수 없으니, 꿈을 가지라고 타이른다. 확고한 꿈이 있다면, 얼마든지 시련을 극복할 수 있으니, 스스로 건강을 해치지 말라는 인생 선배의 메시지다.

토막 난 산허리
치맛자락 찢긴 자리

지역난방 아가리로
토해내는 구역질에

시린 듯
파아란 하늘
잿빛으로 시드네

–「신도시 겨울아침」 전문

신도시의 피폐한 몰골을 스냅한 시다. 미래를 보지 못하고 단기적 안목에 의한 무차별적 신도시 개발이 자연계의 훼손과 이기적 인심, 곧 개인주의가 휴머니티를 파괴한다고 개탄하고 있다. 불도저에 의한 '토막 난 산허리'와 '치맛자락 찢긴 자리'로 대변되는 양상이 '아가리'란 상말과 다름없는 중의법(重義法)에 주목할 일이다.

아마도, 시인은 눈이 시리도록 파란 하늘이 잿빛으로 오염되는 모습을 개탄하면서 '아가리'란 말로 쌓였던 적대감을 표현 하고 있는 지도 모른다.

불볕이 뜨겁다고 우는 줄만 알았지
찜통 속 숨 막혀서 우는 줄만 알았지
제 짝을 구하는 소리 애절한 걸 왜 몰랐어!

허물 벗는 긴 세월 순결로 버티다가
찬란한 순간마다 절정으로 질러대는
단말마 외마디 소리 처절한 걸 왜 몰랐어!

―「매미 소리」 전문

이 시는 자연스레 진술된 작풍(作風)이 특이하다. 이 세상에 제 짝을 구하는 일만큼 절실한 게 어디 있느냐는 이 대목, 또한 감명적이었다. 하늘에 땅이 없다 치자. 얼마나 삭막하랴. 하늘 없는 땅이 풀 한 포기 얻을 수 있겠나. 이게 다 음양이치다.

허물벗기 위해 긴긴 세월을 땅 속에 묻혀 살다가 매미로 환생하여 저 단말마 같은 희열의 통정을 맛보면서 마지막으로 질러대고 죽어야 하는 처절한 운명, 이에 대한 표현이 예사롭지 않다. 이는 매미의 표층적 관찰로는 불가능한 일이다. 매미의 생활사를 심층적으로 관찰하고 이해해야 가능한 표현이 아니겠는가. 이게 바로 시인의 사명이리라.

달빛에 드러나는 속살이 수줍은가
행여 다칠세라 옷깃 여민 순결이여
내 마음 나도 몰라서 뒤척이는 하얀 밤

햇빛에 드러나자 시리도록 뽀얀 살결
차라리 내 눈 멀어 보이지나 말 것을

서럽게 아름답구나, 눈꽃 같은 여인아

불현 듯 어느 날에 저 꽃잎 지고나면
어쩌나, 내 사랑 목련꽃은 간 데 없어
내 마음 하얀 손수건 노을빛에 젖겠네

―「목련꽃 사랑」 전문

이 시는 한마디로 너무나 아름다운 서정시다. 밤과 낮의 시점(時點) 이동에 따른 대상(목련꽃)의 변화미를 서정적으로 표현한 특징이 돋보인다. 서정에도 격(格)이 있다. 서정이 격상(格上)한 안목을 만나면 신선놀음이 되고, 서정이 격하(格下)된 인목을 만나면 속물이 된다. 이 시는 신선놀음 속으로 우리를 이끈다. 미인박명(美人薄命)이라 했던가. 아름답기는 그지없으나 목련꽃의 짧은 운명을 못내 안타까워하는 시인의 마음이 애틋하다.

'서럽게 아름다운 저 목련꽃—차라리 내 눈 멀어 보이지나 말 것을' 이 대목의 역설적이며 점층적인 수사법은 우리를 놀라게 한다. 한마디로 무르익을 대로 무르익은, 원숙한 솜씨의 작품이다.

박꽃이 달빛 된다 이런 밤에 잠이 오랴
모깃불 쑥 내음에 멍석을 펼쳐 보라
어머님 수제비 맛이 혀끝으로 돌 테니

개구리 제짝 찾아 흥겹게 노래하면
올케와 시누이도 형제 되는 밤이라서
쑥댓불 알싸한 내음 싫지 않아 정답네

반딧불 쫓던 아이 단잠이 들었구나
뻐꾸기 울어대는 잠꼬대 같은 소리
어머님, 오늘 밤에도 고향 달이 떴네요

– 「여름밤」 전문

한국적 정서가 이 시속에 듬뿍 녹아들었다. 이 시를 읽고 나니, 불현듯 고향길에 오르고 싶고 어머니의 품이 그리워진다. 어린이는 미래를 살고 어른은 과거를 산다고 했던가. 인간이란 어차피 추억을 그리워하며 살아가는 존재가 아닌가 싶다.

'우리는 어쩔 수 없는 백의민족이로구나' 하는 생각이 들 것이다.

마지막 대목에서 "오늘 밤에도 고향달이 떴네요" 하고, 어머님을 부르는 그 한마디가 그대로 한국인이요, 그리움이요, 효심(孝心) 그 자체다.

내 가슴 태운 자리 한(恨) 심고 떠난 이여
봉수당(奉壽堂) 회갑연에 축수잔 받자오니
아들의 지극한 효성 천만세를 빛내리다

뒤주 속 제 아비를 눈 뜨고 어찌 보랴
식음을 전폐하고 살려 달라 애원해도
권력은 가혹하여라 서슬 퍼런 칼날이여

슬퍼서 울어주랴 미쳐서 웃어주랴
골수에 맺힌 원한 녹아내린 슬픔인 걸
울어라 내 아들이여, 엉킨 한(恨)을 풀어라

– 「화성행궁에서」

한국 역사상 영조와 사도세자 이야기만큼 끔찍하도록 애달픈 사연이 어디에 또 있으랴. 하늘에 두 개의 태양이 있을 수 없듯이 절대 권력은 나누어 갖지 못하는 법이라고 한다지만, 참으로 너무했다. 차라리 단칼에 목을 쳐 아들의 고통을 덜어줄 일이지, 뒤주 속에 웅크린 채 두고두고 시달리다가 굶어죽게 할 것은 무엇이냐 말이다. 어린 나이에 이러한 참경(慘景)을 볼 수밖에 없었던 자식(정조)의 마음은 어떠했으랴. "살려 달라" 애원하는 자식의 애틋한 효성이 우리를 울린다. 또한, 사도세자의 부인 혜경궁 홍씨의 마음은 어떠했으랴.

"슬퍼서 울어주랴 미쳐서 웃어주랴" 이 얼마나 자식에 대한 어미의 절절한 절규인가.

이런 정경을 실물 대하듯 그려낸 구 시인의 솜씨도 대단하려니와, 이들과 함께 울고 있는 구 시인의 인간적인 마음씨도 너무 고왔다.

여보게, 명함이나 있으면 하나 주게
나 시방 백수랑께, 명함 그렁 거 읎서
또 보세, 은백색 머리위로 노을이 진다

우라질, 명함은 무슨 명함이여, 촌늠이
니 엄니 뱃속에서 명찰 달구 나왔냐
흥, 명함 그 거 허세여, 산 늠덜 비석이여

나 시방 남응 건 이름 슥 자 뿐인디
인간사 세월로 지우닝께 남능 게 있남
워쩔겨, 그렇게 살다가 해가 지면 가능 겨

–「명함」 전문

이시의 해학성이 왜 이리 구수하고 진실하게 다가오는 것이랴. 이 시는 현대인의 이중성을 두드려 패는 몽둥이가 될 것이다.

시어들이 한결같이 구어체인데다가 시골 사람의 순박한 토속어라는 점이 특색이다. 해학시는 빗나간 가치관을 바로잡는데 가장 긴요한 도구가 된다. 우울하고 답답한 우리 가슴을 후련하게 해주기도 하지만, 씽긋 웃게 하는 힘을 가진다. 충청도 시골사투리가 시인을 떠올린다.

구충회 시인의 좋은 시들을 모두 다루지 못하고 여기서 붓을 멈춘다. 너무 아쉽지만, 지면이 허락지 않기 때문이다. 구 시인께서 더 좋은 시로 독자를 즐겁게 해주시고, 시단의 기린아가 되시길 빌며, 내내 강건하시고 가내 편안하시길 기원한다.

차 례

제1부 • 목련꽃 사랑 _ 25

제2부 ◦ 6월이 오면 _ 49

제3부 ◦ 노을빛 수채화 _ 71

제4부 • 나의 비망록 _ 95

제5부 ◈ 비둘기의 노래 _ 117

제6부 • 아날로그의 추억 _ 139

제1부

목련꽃 사랑

봄이 오는 길

내 몸에는 남몰래
봄이 오는 길이 있다

첫눈을 사로잡고
핏줄로 스미다가

가슴을 적시는 그 길
눈 감으면 보이는 길

사무사(思無邪)

오욕에 젖었으면
햇볕에 말려야지

세파에 찌든 때는
달빛으로 빨아야지

번뇌가
묻은 거라면
별빛으로 지우리

목련꽃 사랑

달빛에 드러나는 속살이 수줍은가
행여 다칠세라 옷깃 여민 순결이여
내 마음 나도 몰라서 뒤척이는 하얀 밤

햇빛에 드러나자 시리도록 뽀얀 살결
차라리 내 눈 멀어 보이지나 말 것을
서럽게 아름답구나, 눈꽃 같은 여인아

불현 듯 어느 날에 저 꽃잎 지고나면
어쩌나, 내 사랑 목련꽃은 간 데 없어
내 마음 하얀 손수건 노을빛에 젖겠네

꽃비 내리던 날

젊은 날
그 언젠가 오솔길을 걷다가

봄 한 때
격정을 잉태한 순결이었소

한평생
그리워하리 가슴 적신 그대여!

3월의 시

골목길 소문처럼
꽃샘바람 지나더니

만삭이 된 고양이
몸 풀고 조는 사이

병아리
하얀 햇살을
울밑으로 물고 왔다

팔달산 뻐꾸기

팔달산 뻐꾸기는
눈만 뜨면 울어 댄다

허기진 내 젊은 날
풋내 나는 사랑 찾듯

오늘도
초록에 헹군
이슬방울 토해낸다

4월의 연서

꽃 지면 늦은 거야
꽃 필 때 써야 해

사월은 잔인해도
그냥 꼭 보낼 거야

반송된 절망이라도
비망록에 남겨야지

팽목항

아깝다
피다말고 시들은 내 새끼야

부푼 꿈
사랑일랑 구름에 매어 두고

"엄마야,
나 살아 있어!"
그 소리 좀 들려다오

* 진도군 임해면 팽목리에 있는 연안항. 2014년 4월 16일 오전 안산 단원고 2학년 학생 325명과 교사 15명 등 승객과 승무원 476명을 태우고 인천에서 제주도로 가던 여객선 세월호가 전남 진도 앞바다에서 침몰됨. 이 사고로 304명이 사망했음.

5월의 노래

찔레꽃 지는 동산 뻐꾸기 울어대면
불현듯 불러보는 그리운 이름 하나
꽃물 든 바람결 타고 젖어드는 이름이여

연분홍 카네이션 곱디고운 미소 띠면
내 몸에 시려오는 허기진 이름 하나
세월을 덧칠할수록 숨결 짙은 이름이여

"막내야, 어서 커서 장가들어! 나 있을 때"
명치 끝 저려오는 애절한 그 한 말씀
눈 뜨면 부르고 싶어라 그 이름은 어머니

춘당매(春堂梅)

남녘 끝 초등학교
주인 없는 운동장

팝콘 같은 얼굴에
깔깔대는 웃음소리

새내기 취학통지서
때 이른 봄소식이다

봄비

첫날밤 속삭이는
둘만의 사랑 얘기

수줍은 불빛마저
슬며시 눈 감으면

가시내
젖망울마냥
새싹은 불거지고

영산홍을 보면서

어쩌나!
그리움이 상처 되어 도질라

참아서
아니 죽어 살라는 인연이면

터져라,
활화산처럼 용암까지 토해라

군자란

찬바람 베란다를 스치듯 지나던 날
검푸른 잎 사이로 얼굴 내민 해오름
주홍빛 고운 햇살을 응접실이 맞았다

한 송이 홀로 피어 어쩐지 외롭구나
짝지어 마주 보고 또 한 송이 피어주면
막둥이 제 짝을 만나 새둥우리 틀 텐데

거기다 또 한 송이 손주라도 주시면
어부바 등에 업고 어르고 달래다가
고놈의 깔깔 웃음에 나도 그만 껄껄껄

5월 아침은

눈 시리게 영롱한
연둣빛 이슬이야

새소리 자지러진
봄의 소리 왈츠야

아니야,
자연이 빚은
불멸의 환상곡이야

개망초

논밭에 눈치 없이
끼어드니 개망초지

잔별을 뿌리듯이
송이송이 모여 봐라

달밤에
향내가 나는
은하수가 되는 거야

연민

생과부 허리춤이
아프도록 시린 날은

춘삼월 웃는 꽃도
볼수록 밉상이다

긴긴 밤
허기진 사랑
이슬 맺힌 그 여인

노시인의 초대

나 혼자 보기에는 분하도록 아깝소
초록에 눈이 멀고 향기에 숨 막혀요
꽃들이
눈짓하네요
숨 가쁘게 오세요

꽃이란 넌지시 미소 짓는 묵시록에
윤회의 아픔을 새겨 넣은 문신이래요
인고의
가지 끝에 맺힌
이슬방울 이래요

무죄

행여 내 마음을
들키면 어쩌나

춘삼월 반나절
그늘이면 어때서

나 그대
훔쳐보리라
당신 몰래 혼자서

낙화

정해진 결별이니
아프다 하지 마라

순리의 미학이니
얄궂다 하지 마라

두 손을
모아야 하리
내 사랑 슬픈 영혼

연리지(連理枝)

그냥 봄바람에 옷깃 한번 스치더니
그대는 내 마음 내 마음은 그대였소
우연이 필연이라도 이럴 수가 있나요

광풍에 시달리다 부딪치던 어느 날
혼절의 고비마다 순정은 파고들어
내 가슴 심장까지도 당신이 되었네요

서로 다른 남남이 하나로 남았으니
세상에 이런 인연 어디에 또 있나요
기막힌 운명입니다 떠날 수가 없네요

소망

백조 떠난 호숫가
무늬 진 여운처럼

햇살 고운 이른 아침
눈 시린 이슬처럼

그렇게
미소 지으며
하늘하늘 가고파

제2부

6월이 오면

동이네 막국수

메밀꽃
달빛으로
하얗게 젖는 밤

허생원
거친 숨결
밤기운에 녹아들고

그 처녀
흐느낌 속에
물방아가 돌더니

* 이효석 생가 마을에 있는 막국수집

박꽃

순결한 척
청초한 척
호박씨 까더니만

하얀 달빛
쏟아 붓는
밤에만 피더니만

초가집
여기저기에
달덩이만 퍼질렀다

6월이 오면

동강 난 한해라서 그 마디가 아픈가
핏줄이 돌다 멎으면 그 지경 되는 게지
뻐꾸기 또 울고 있다 산허리가 저리다

산새도 넘나드는 휴전선아 말해다오
조국을 반토막낸 철조망이 웬 말이냐
망배단 향불 연기도 승천하는 밤인데

이 세상 다하는 날 또 다시 만나려나
"살아서 오겠노라" 첫날밤 그 한 마디
밤마다 사진첩 열어 그 목소리 듣는다오

매미 소리

불볕이 뜨겁다고 우는 줄만 알았지
찜통 속 숨 막혀서 우는 줄만 알았지
제 짝을
구하는 소리
애절한 걸 왜 몰랐어!

허물 벗는 긴 세월 순결로 버티다가
찬란한 순간마다 절정으로 질러대는
단말마
외마디 소리
처절한 걸 왜 몰랐어!

조약돌

툭하면 각(角)세우길 좋아했던 너였어
개밥에 도토리라 눈칫밥만 먹었는데
어쩌다 저리도 고운 몸매가 되었을까

밟히고 채이다 구르고 조각나다
아드득, 한(恨)으로 이를 갈던 숱한 세월
네 이름 얻기까지는 무던히도 아렸으리

옹이 박힌 아픔이 사리로 구르듯이
이제는 너를 감싼 개울물도 돌돌돌
물 젖은 인어로구나 신음 같은 향내 난다

귀농(歸農)

네온 빛 유혹으로
육신을 사르다가

죽비(竹篦)를 맞고서야
눈치 챈 염화미소

산으로
가던 길 멈추고
잠시 들른 간이역

여름밤

박꽃이 달빛 된다 이런 밤에 잠이 오랴
모깃불 쑥 내음에 멍석을 펼쳐 보라
어머님 수제비 맛이 혀끝으로 돌 테니

개구리 제짝 찾아 흥겹게 노래하면
올케와 시누이도 형제 되는 밤이라서
쑥댓불 알싸한 내음 싫지 않아 정답네

반딧불 쫓던 아이 단잠이 들었구나
뻐꾸기 울어대는 잠꼬대 같은 소리
어머님, 오늘 밤에도 고향 달이 떴네요

굴 따는 할머니

손등은 된바람에
파도치는 굴 껍데기

앉으나 일어서나
다름없는 키만큼

조새*로
삶을 따내는
제부도 그 할머니

* 굴을 따거나 까는데 쓰는, 쇠로 만든 기구

6월의 꽃

햇볕을 거둔 자리
돌무덤이 외로운가

뻐꾸기 목쉰 소리
지친 듯 멈추더니

비목이
외발로 선 자리
이름 모를 꽃 한 송이

미카엘

서당 집 칠 남매 중 끝물로 태어났지
허공을 짖어대는 똥개 새끼 한 마리 뿐
쥐뿔도 가진 것 없어 체면 씹고 살았소

누렇게 뜬 낯짝은 해 거른 메주뭉치
회충이 내 뱃속에 똬리 틀고 살았거든
지지리 못난 집구석 꼴 보기도 싫었소

대가리 피 마르자 무작정 집 나왔어
암내 맡은 수캐마냥 헐떡이며 살았지
어느 날 누가 불렀네, 내 이름 미카엘!

그늘

맨해튼 5번가와
34블럭의 모퉁이

지천으로 널려 있던
햇볕은 어디 가고

마천루 밑바닥에는
가쁜 숨만 몰아치나

* 엠파이어스테이트 빌딩이 자리 잡고 있는 곳

기우제

메마른 인심에 죽비를 내쳤나요
막가는 파렴치에 천형을 내렸나요
차라리
뇌성벽력에
벼락이나 치소서!

목 타는 신음소리 애간장을 태웁니다
제각각 제명대로 살다 가게 하소서
제발 좀
하늘이시여,
단비 좀 내리소서!

가뭄

모심은 논바닥은
절망의 크레바스

흙살은 피 마르고
농심은 숯덩이다

아버님
흘린 땀방울
홍수 되어 넘쳐라

파도를 보며

바다를 호통 치듯 서슬 퍼런 그 시절
하늘을 치받다가 바위에 부딪치다
저 홀로 박살나면서 비명을 질러댔지

원양선 치켜 올린 중년의 한 자락은
부릅뜬 참치 눈에 온 세상 구겨 박고
뱃고동 나팔 소리에 둥실 둥실 춤도 췄지

서산에 지는 노을 바다 고운 황혼 녘
추억은 추억이다 세월로 지우란다
저 파도 숱한 사연도 물거품만 남는데

잡초

잡초는 본디부터
천출(賤出)은 아니더라

밉게 보면 잡초요
곱게 보면 화초려니

왜 어찌
잡초뿐이랴
너도 나도 그런 것을

해저 탐사

태평양 오아우섬 까마득한 바다 속
난파선 갑판 머리 늙은 거북 한 마리
가신 임 기다리는가 무릎 꿇고 있더라

형형색색 열대어는 떼 지어 분분하고
용암 위 산호초는 예서제서 기웃기웃
아직도 아틀란티스* 영광 찾아 헤매나

* BC 9500년 전에 바다와 지진을 관장하는 신 포세이돈이 다스렸다고 전해지는 제국으로 한 때는 매우 번창했으나, 후에 거대한 화산 폭발로 인하여 바다 깊이 잠겼다고 함

걱정거리

땡볕에 볶인 날을
불볕으로 끓이면

밤에도 찜통이라
눈 붙일 수 없구려

홍채(虹彩)가
말라붙으면
인식오류 어쩌나

열대야

이슬에 젖어 사는 초원의 집시인가
멀건 달 시든 하늘 잠 못 드는 이 밤도
낯선 땅 구석구석을 누구 찾아 헤매나

허기진 가슴 시려 방황하는 그대여
뙤약볕 쓰린 상처 목 타는 그리움에
새벽별 뒤척이는 밤 사바나의 여인아

개소리

복더위 개 데리고 산 오르는 아줌씨야

우리 아가 둥기둥기 안아줄 때는 언제고
루비루퍼스 명품 옷 입혀줄 때는 언제고
일등급 로가닉 진수성찬 차려줄 때는 언제고
최고급 라이스덤벨치킨 영양 간식 먹여줄 때는 언제고
허구한 날 소파에 카펫에 재워줄 때는 언제고
온열매트 보온매트 여름매트 철따라 갈아줄 때는 언제고
전기요금 누진세폭탄 개에게도 터트리랴
여름 내내 에어컨 빵빵하게 틀어줄 때는 언제고
까만색 도글라스 지겹도록 끼워줄 때는 언제고
힐링샤워헤드로 하기 싫은 목욕시켜줄 때는 언제고
시도 때도 없이 아로마마사지케어 해줄 때는 언제고
구역질나는 칫솔질에 치석까지 긁어줄 때는 언제고
귀 후비고 발톱까지 깎아줄 때는 언제고
항균 물티슈로 내 밑구멍까지 닦아줄 때는 언제고

한바탕 꿈이었던가 버려진 내 신세야!

* 루비루퍼스 : 몽골산 캐시미어 100% 원단을 사용하여 영국의 여성복브랜드디자이너 Ruby Rufus의 손길을 거쳐 제작된 애견 의류
* 로가닉 : 담백질원을 가공하지 않은 상태로 만든 강아지 1등급 사료(2등급 : 유기농, 3등급 : 홀리 스틱, 4등급 : 슈퍼프리미엄, 5등급 : 프리미엄, 6등급:마트용 사료)
* 라이스덤벨치킨 : 천연원료만을 사용한 고단백, 저지방, 저칼로리 최고급 애견 영양 간식(무방부제)
* 힐링샤워헤드 : 마사지 효과를 주는 애견샤워기
* 아로마마사지케어 : 아로마오일을 사용한 전신마사지(피부관리, 뭉친 근육, 각질 제거 등)

제3부

노을빛 수채화

만추의 연가

눈썹달
여린 달빛
연시가 머문 자리

억새풀
갈색 바람
외로움 파고들면

지워도
지울 수 없네
낮달 같은 그 사람

가을비가 내린다

허공을 빗금 치듯 가을비가 내린다
시들은 잎새마다 노을 지는 저물녘
문간방 이야기처럼 가을비가 내린다

가슴을 쥐어짜며 흐느끼던 눈물인가
지난 날 아픈 사연 추억만 남겨 놓고
그리움 가슴에 넘쳐 흘러내린 눈물인가

우산 속 둘이 걷던 돌담장 에움길에
무반주 첼로의 가라앉는 선율처럼
그 여인 발자국마다 가을비가 내린다

보고 싶어

나 그대
보고 싶어
왜 마냥 보고 싶어

어이 하리,
한번 보고
또 보고 싶으면

그래도
그대 봅니다
눈을 감고 봅니다

가을 산

몇 순배 돌렸기에
저리도 만취 했나

석양에 노을 섞어
폭탄주 마시더니

세월은 가는 거라며
인생도 가는 거라며

노을빛 수채화

빼앗긴 들녘에서 잡초로 태어났어
치욕에 몸을 떨고 오욕에 짓밟혔지
할퀴어 상처 난 자국 내 가슴에 새겼네

티 없는 하늘 아래 허리 잘린 조국아
피멍든 그 자리에 한 맺히 건 너아ㅣㅏ
뼛속을 저민 아픔에 젖어드는 후회여

허기진 보리죽에 피죽마저 설운 세월
겹겹이 쌓인 한을 짓씹으며 살으랴
풍상에 찢긴 그 마음 곱디곱게 가꾸리

지낸 세월 아득한데 남은 세월 어쩌랴
땅이랑 바다에다 햇빛 달빛 별빛 섞어
노을빛 내 마음속에 수채화를 그리리라

까치밥

가신 님 남겨 놓은
가지 끝 연시 하나

궂은 날 해로 뜨고
어둔 밤은 달이더라

그 님의
고운 숨결은
열린 하늘 높은 뜻

세레나데

언젠가 언제던가
풋내 나던 젊은 날

달빛이 스며드는
불빛 새는 창가에

불현듯
벙어리 되어
신음처럼 울었다

대추알

푸르락 누르락
누르락 붉으락

삶이란 그런 거다
변하는 게 인생이야

가시밭
헤쳐 나가다
쪼그라든 황혼이지

강남스타일

지축이 요동치는
천마의 발굽 소리

오대양 육대주를
주름잡은 승전고다

춤춰라
강남스타일
북녘 땅도 녹여라

석류

한여름 주고받은
밀어들이 뜨겁더니

짜개진 파열음을
어금니로 깨물면서

선홍빛
찬란한 생명을
비명으로 쏟아낸다

상사화(相思花)

그리워 그리워도
그립다 말 못하고

가슴속 저려 와도
그리워서 말 못했네

그립다
그리워하다
하늘만 바라보네

늦가을

억새풀 시든 머리
소슬바람 스치듯

저리고 시린 마음
서릿발로 채이듯

명치끝
아픈 이별도
황혼으로 지겠네

산수유

연노랑 꽃을 피워
향기로 보듬더니

진홍빛 열매 맺어
고향집 지키더니

그리도
시고 떫은 맛
부모님의 한평생

가나안포도원에서

운악산 서린 기운 영롱한 이슬인가
송이송이 알알마다 눈물 먹은 땀방울
쓰디쓴
고혈이 뭉쳐
응어리진 영혼이다

과육은 성체더냐 과즙은 성혈이냐
하늘이 빚어 만든 천상의 맛이더라
그 향기
구름이 되어
하늘로 오르더라

가을밤

별똥별
아픈 사연
은하수가 되는 밤

달빛은 왜 저리도
하얗게 쏟아지나

풀벌레
지친 소리에
은행잎만 지는데

초보 시인

밤새껏 눈감으며
천정에 쓴 시 한편

눈 떠서 적고 나니
차마 볼 수 없어라

남들이 볼까 무섭다
쪼그라든 내 심장

가을이 오면

한숨이 시름시름
곰팡이로 피어나는

달동네 우리 동네
반 지하 월세 방도

아버지
깡소줏잔에
햇살 가득 담겠지

단풍을 보며

푸르락 붉으락
성깔머리 더럽더니

산마다 봉우리마다
불을 질러 놓았구나

어차피
떠날 거라면
노을이라도 주고 가지

가을 문턱에서

여름을 묻으려는 마지막 곡성인가
진 빠진 매미 소리 허공에 잦아들고
맥없는 잎사귀마다 핏기 말라 시드네

커피 향 짙은 유혹 잠 못 드는 밤이면
그립다 야속해도 추억인 걸 어쩌랴
영롱한 달빛 이슬에 내 영혼은 젖는데

인생

이른 봄 피어나는
호숫가의 물안개

해 뜨면 몸 사르고
승천하는 하얀 이슬

그리고
일락서산의
노을빛을 보아라

솔베이지의 노래

하늘이여, 내려오라 예 와서 노래하라
파도여, 숨죽이고 밀물 되어 다가오라
나 여기 솔베이지의 노래, 그 노래를 부르련다

기다리던 연륜이 핏빛으로 감겼어도
이른 봄 호숫가에 물안개 피어나듯
이제 막 성모마리아 승천하듯 부르리라

구겨진 주름 속에 그리움 묻고서야
지순한 첫사랑을 영혼으로 간직한 채
세월이 숨을 거두어도 나 이 노래, 또 부르리라

제4부

나의 비망록

선운사 동백꽃은

도솔천(兜率川)*
단풍쯤은
환락가의 웃음거리

구름 속
천년 세월
두 무릎 꿇어야만

하얀 눈
서방정토에
내려 주신 핏방울!

* 선운사 앞을 흐르는 냇물 이름

나의 비망록

젊은 날, 그 언젠가 빛바랜 비망록
휘청대는 가로등에 외로움 파고들면
새벽달 저린 가슴을
말하고 싶었는데

오 헨리의 잎새 하나 마지막 지고나면
짧은 삶 회한 끝에 세월이 멎기 전에
소녀의 흐느낌마냥
고백하고 싶었는데

창백한 지성일랑 가슴으로 녹여야지
마주치는 눈빛이 뼛속까지 저미는
그대여, 그런 사랑을
전하고 싶었는데

세한도 1

임이여, 하현달로
그려 놓은 박제였네

핏기는 노을 되고
뼈만 남은 저 기백

가지 끝
몸부림치는
승천이라 시리겠다

세한도 2

지천명 고개 넘다
바람 맞은 학 한 마리

송백(松柏)의 인연이라
세한(歲寒)도 푸르구나

이승 속
백팔번뇌가
응어리진 정토(淨土)다

첫눈 내리던 날

어쩌다 지나가다
옷깃 한번 스쳤건만

내 영혼 시린 자리
뜨거운 피 스며드네

그대여
남은 세월을
날더러 어쩌라고

신도시 겨울아침

토막 난 산허리
치맛자락 찢긴 자리

지역난방 아가리로
토해내는 구역질에

시린 듯
파아란 하늘
잿빛으로 시드네

담배꽁초

수시로
누런 냄새
빨아 먹는 청춘아

버리고
짓밟는 심사
모를 리 없건만

꿈 이길
시련 있더냐
몸 사르지 말게나

촛불

스스로
고혈 짜내
몸 사르는 구도자

그 고통
눈물 되어
방울방울 맺히나

영혼이
승천하는 밤
홀로 피는 꽃이다

겨울 문자

"첫눈이 내리면 그 때 우리 만나요"
먼 하늘 어디선가 내려 보낸 하얀 눈
그 언약 지킬 수 없어 보내 온 회신인가

시계추 멎을 듯이 가쁜 숨 몰아쉬다
조용히 눈 감고 쓴 마지막 붙립문자
가슴 속 언어를 모아 적어 보낸 하얀 문자

명함을 태우며

어쩌면
밤하늘에
명멸하는 별들이지

잃은 이
잊은 이
떠난 이의 뒷모습

황혼 녘
소지(燒紙)로 올린
영혼이라 아프다

설중매

미사포 가린 얼굴
홍조 띤 수줍음은

봄 처녀 설렌 가슴
사랑의 눈짓인가

숨겨 둔
고해성사는
꽃잎 지면 하리라

시조여, 겨레의 얼이여!

청자에 학이 날고 백자에 달이 뜨던
그 기운 서린 얼에 젖어 살던 사람아
시조는 영혼이란다 가슴 깊이 새겨라

물 닮아 지혜롭고 산 닮아 어진이여
은물결 파도 소리 굽이 진 능선마다
아리랑 젖어든 그 가락 마디마디 주옥이다

시조는 겨레의 얼 민족의 꽃이란다
고운 마음 고운 노래 함께 지어 부르자
그 가락 세월 넘어서 지구촌을 울리리

바람이 부네

잡은 손 뿌리치고
회한에 가슴 막혀

못 잊을 사연마다
별이 지는 밤이면

그 겨울
바람이 부네
뼈 속까지 저미는

새해 전야

한 밤 자면 새해다
아버지께 전화했다

–잘 있응께
–밥 잘 먹구
–차 조심혀
–돈 애끼구

이제는
내 자식에게
하고 싶은 그 말들

노을빛 무지개

내 가슴 용광로에 불붙듯 젊은 날은
심장의 고동소리 풋 가슴에 요동쳤고
무지개 일곱 빛깔은 하늘을 덮었었다

인생이 지칠 무렵 먹구름만 오락가락
만상은 허상인가 온데 간데 흔적 없고
푸른 빛 부풀던 꿈은 거품만 남았어라

묘비명 하나쯤은 새겨두고 싶었지만
애환에 시든 세월 상처 난 이름 석 자
무지개 일곱 빛깔은 노을빛이 되었네

환경미화원

새벽달 새벽별은
아무나 보는 거냐

영롱한 이슬처럼
정신이 맑아야지

시인의
영혼이 깃든
미화원이 그렇다

명함

여보게, 명함이나 있으면 하나 주게
나 시방 백수랑께, 명함 그렁 거 읎서
또 보세, 은백색 머리위로 노을이 진다

우라질, 명함은 무슨 명함이여, 촌늠이
니 엄니 뱃속에서 명찰 달구 나왔냐
흥, 명함 그 거 허세여, 산 늠덜 비석이여

나 시방 남응 건 이름 슥 자 뿐인디
인간사 세월로 지우닝께 남능 게 있남
워쩔겨, 그렇게 살다가 해가 지면 가능 겨

눈 오는 날

눈이 오는 날은
누군가를 보고 싶다

수녀님 미사포 닮은
하얀 눈이 내리면

살포시 두 손을 모은
마리아를 보고 싶다

눈이 오는 날은
누군가를 닮고 싶다

눈빛 물든 내 마음에
종소리가 울리면

하얀 눈 미사포를 쓴
데레사를 닮고 싶다

세상사는 이야기

네 아비 무동 타고 환하게 웃더니만
이승이 시들해져 저승길에 들었느냐
그믐밤 눈 먼 사슴이 달빛 찾아 헤맨다

너 다시 산다면야 무언들 아까우랴
밤하늘에 별을 심듯 이웃 찾아 네 눈 주자
받는 이 꽃이라 치면 주는 너는 나비란다

인생이란 그런 것 그렇게 살아가는 것
저녁놀 훨훨 탄다 별빛 다시 살아나리
네 영혼 사랑니처럼 봄이 오면 돋아나라

치매

석류 빛 노을이
곱게 타는 해질 녘

인연이 미련 될라
훌훌 벗어 사르라네

기억도
지워버리고
백치로 살라하네

제5부

비둘기의 노래

청자를 보며

성골의 뼈를 갈은
하얀 흙이겠지

산이랑 강에다가
달빛 뿌려 빚었으리

아뿔사,
학이 날던 날
도공은 눈멀었네

달항아리

오백년 겪은 세월
백설로 다진 기품

아리랑 품은 달이
밤이슬에 젖었구나

빛바랜 무명 저고리
보고 싶은 어머님

징비록(懲毖錄)

선각의 양병설을 콧방귀로 여기더니
민초의 흘린 피로 뼈를 녹인 통한이냐
치욕이 목에 걸려서 가슴 치던 외마디냐

넋 빠진 강물은 갈 길 몰라 헤매는데
난세에 숨은 영웅 어디 있어 불러오나
입 다문 옥연정사(玉淵精舍)*에 눈보라만 치는데

* 조선 중기의 문신 유성룡이 임진왜란 후에 고향 안동으로 돌아와 후학을 가르치고 징비록(국보 132호)을 저술했던 곳으로 중요 민속자료 제88호로 지정됨

비둘기의 노래

칼바람 몰아치네 가슴 아린 삼팔선
병사의 피울음이 달빛을 적시는데
요단강 끝자락에서 들려오는 진혼곡

역사의 고비마다 산화한 영혼들은
피맺힌 능선 따라 구천을 맴도는데
목젖을 저민 소리로 통일을 외치는데

해산령 깊은 계곡 피를 토한 파로호*
이산의 통한이 봇물 되어 넘치거늘
저 언덕 평화의 종은 언제쯤 울리려나

호태왕* 말발굽이 만주벌판 누볐으니
화랑의 푸른 기개 하늘을 덮었으니
통일은 숙명인 것을 외면할 수 있으랴

비탄의 벼랑에서 통곡하는 영혼아!
전진하는 역사의 새벽을 열어보자
온 세상 어둠을 깨는 평화의 종을 울리자

* 강원도 화천군과 양구군에 걸쳐 있는 호수로, 6.25 전쟁 당시 아군 6사단과 미군의 합동작전으로 많은 중공군이 이곳에 수장됨. 이로 인하여 1955년 이승만 대통령으로부터 오랑캐를 격파했다는 뜻으로 본명인 화천호 대신 '파로호(破虜湖)' 라는 명칭을 얻게 됨.

* 고구려 19대 광개토대왕(國岡上廣開土境平安好太王)

밤에 본 한반도

허리가 잘린 거야
심장도 멎은 거지

한쪽은 대낮인데
또 한쪽은 캄캄하다

어쩌나,
피가 돌지 않아
그 지경 그 꼴인 걸

6월에 내리는 비

옷소매 부여잡는 엄마 손길 뿌리치고
펜 대신 총을 잡은 열일곱 푸른 나이
호국의 붉은 사랑에 몸을 던진 청춘아

머리 위 핵폭탄이 목줄 죄는 이 밤도
회한에 뉘우치고 통한에 뼈를 깎는
못다 핀 너의 피울음 그 소리가 아리다

귀촉도 호곡성은 구천을 맴도는데
이름 없는 비목에 부슬비만 내리나
유월에 내리는 비는 누구의 눈물인가

화성행궁에서

내 가슴 태운 자리 한(恨) 심고 떠난 이여
봉수당(奉壽堂) 회갑연에 축수잔 받자오니
아들의 지극한 효성 천만세를 빛내리다

뒤주 속 제 아비를 눈 뜨고 어찌 보랴
식음을 전폐하고 살려 달라 애원해도
권력은 가혹하여라 서슬 퍼런 칼날이여

슬퍼서 울어주랴 미쳐서 웃어주랴
골수에 맺힌 원한 녹아내린 슬픔인 걸
울어라 내 아들이여, 엉킨 한(恨)을 풀어라

통일로의 코스모스

갈대숲 바람소리 병사의 신음인가
동족의 포연으로 사라져간 청춘아
회한이 눈물에 젖어 흰빛으로 피었나

임진강 굽이굽이 단말마 비명소리
얼룩진 고지마다 선홍빛 그 사연을
아직도 지우질 못해 핏빛으로 피었나

해는 서산마루 노을빛에 시드는데
조각구름 떠난 자리 반쪽 달은 뜨는데
긴긴 밤 기다리다가 목이 긴 코스모스

꽃제비*

어미는 굶주리다
돼지 값에 팔렸다

홀아비 꾸중 먹다
뛰쳐나온 어린 것

꽃제비
허기진 이름
초점 잃은 멀건 눈

* 굶주리다 먹을 것을 찾기 위하여 시장바닥을 헤매는 북한 어린이

천안함이 울고 있다

숨 막힌 영혼들의 마지막 몸부림이
이제 막 바다 밖에 토해내는 신음 소리
임종의 단말마란다 질러대는 비명이다

햇빛도 숨을 거둔 바다 밑 칠흑 속도
하늘 땅 구석구석 원혼이 맴돌 텐데
못다 핀 꽃망울이여, 피눈물을 어쩌나

독 오른 인면수심 하늘도 무심하지
허리가 동강나고 창자가 녹아내린
천안함 통곡 소리가 하늘 끝을 적시네

탈북민

이밥에 고깃국은 허공 짖는 메아리
수용소 비명소리 하늘 찢는 단말마

죽어도
자유를 찾자
사선 넘은 그 생명

통일의 씨앗인데 먼저 온 통일인데
반가운 손님이다 가슴으로 맞아야지

한 겨레
한 핏줄이다
너와 나의 가족이다

정암(靜庵) 묘원에서

임금을 사랑함이 충신의 잘못이랴
나라를 걱정함이 신하의 허물이랴
절명시* 아린 여운이 가슴속을 저미네

대망의 푸른 꿈을 허공에 걸어두고
석양이 붉은 해를 피처럼 토하더니
오백년 멍울진 가락 마디마디 아프다

뻐꾸기 울어대는 광교산 낮은 자락
한 맺힌 사연 접고 베개 삼아 잠드시니
임이여, 위국충절을 해와 달이 빛내리

* 絕命詩

靜菴 趙光祖(1482~1519)

愛君如愛父(임금 사랑하기를 아버지 사랑하듯 하였고)
憂國如憂家(나라 걱정하기를 내 집 걱정하듯 하였노라)
白日臨下土(밝은 해가 세상을 내려다보고 있으니)
昭昭照丹衷(거짓 없는 이내 충성을 환하게 비추리라)

파로호* 사연

허리가 동강 나서 흘러내린 핏물이
해산령 갈대밭을 적시는 저녁노을
뼈아파 눈 감은 사연 물안개로 피어나네

밤 지친 별무리에 서리서리 맺힌 사연
귀촉도 피울음이 단풍으로 타는데
이제야 향불을 피워 젊은 넋을 달래나

한 많은 역사 속에 승천한 영혼이여
언제나 돌아가리 조국 땅 품 안으로
그 아내 정화수 속에 고향달은 떴는데

* 강원도 화천군과 양구군에 걸쳐 있는 호수로, 6.25 전쟁 당시 아군 6사단과 미군의 합동작전으로 많은 중공군이 이곳에 수장됨. 이로 인하여 1955년 이승만 대통령으로부터 오랑캐를 격파했다는 뜻으로 본명인 화천호 대신 '파로호(破虜湖)' 라는 명칭을 얻게 됨.

DMZ의 멧돼지

골육의 상잔이란
천형보다 아픈 거

지뢰밭 헤메다가
발목 잘린 멧돼지

병사의 잔반을 찾는
허기진 식객이다

공무도하가(公無渡河歌)

노부부 순애보가 죽비(竹篦)를 내리쳤나
눈물 젖은 손수건이 객석마다 흥건하다
슬퍼서 행복하여라, 그 강을 건너지 마오

할멈아, 홀로 앉아 누구를 기다리나
어차피 눈물이야 아침이슬 같은 것
섭리는 햇빛 거두고 서산으로 졌는데

첫 사랑 설렌 마음 끝 사랑 저린 가슴
강물은 굽이굽이 짝 잃은 멧새 울음
그 강을 건너지 마오, 불쌍해서 어쩌나!

행궁*의 느티나무

육백년 넘었네유 겁나게 오래 사셨슈
그 세월 굽이굽이 바람 잘 날 읎었는디
나무두 천명잉가 벼, 맘대루 뭇 죽응께

내장은 워디 두구 빈 통만 냉겼대유
시멘트 반죽으루 빈속을 채웠어두
아 글쎄, 오줌빨마냥 가쟁이가 나왔슈

진 세월 숭헌 꼴을 맨몸으루 부닥치다
팔다리 성헐 리 읎응께 몸통만 남응 겨
검게 탄 내장을 보닝께 속깨나 썩응 겨

용허게 입때껏 찰지게두 사셨네유
새 가쟁이 파릇파릇 잎새를 피웠응께
새끼 될 씨앗이래두 냉겼으면 좋것슈

* 정조 20년(1796년)에 세운 사적 제 478호,
수원 팔달산 동쪽 기슭에 위치한 화성행궁

무자비(無字碑)를 보면서

천하의 오악독존(五嶽獨尊) 태산을 보고나서
이말 저말 지껄이니 가소롭기 그지없다
하늘이 내려다보면 코웃음을 치리라

천의무봉(天衣無縫) 어디에다 바늘 끝을 대려느냐
천제(天帝)가 굽어보면 가당키나 한 일이냐
한 자(字)도 새기지 말라 무자비(無字碑)로 두어라

* 한나라 7대 황제인 한 무제의 무자비로, 산동성 태산 정상인 옥황정 바로 아래 위치함.
한 무제가 자신의 공로와 업적을 새기려 했으나, 태산의 자연경관에 감탄하고 압도되어 글자를 새기지 못했다고 전해짐.

장한가(長恨歌)

제왕의 하는 일에 부끄러움 있다던가
미색에 혼절하여 후궁 삼천 팽개치고
딸 같은 며느리건만 귀비로 삼았다오

그녀의 눈웃음에 비구름 감아 돌고
화청궁* 둥둥 솟아 구름 위에 떠있네
정념은 끝이 없어라 밤이 너무 짧구나

장생전 깊은 밤에 맺은 언약 간데없고
차마 돌린 황제 눈에 피눈물만 흐르는가
장한가 시린 가락만 화청지를 맴도네

* 당 현종과 양귀비의 로맨스가 서려있는 궁전

태산을 오르며

천제(天祭)를 지내야지 태평천국 이뤄야지
오르고 또 올라도 끝이 없는 하늘이여
십팔반(十八盤) 황제의 길엔 숨소리만 가쁘다

남천문(南天門) 바로 지나 천가(天街)들면 하늘 길
갈 길은 아직 먼데 옥황정(玉皇頂)이 길을 막네
오호라, 끝이로구나 더 갈 곳이 없어라

아무렴, 인간이란 하늘 아래 미물인 걸
천하를 통일한 들 땅바닥의 땅따먹기
황제도 별수 없구나 봉선의식(封禪儀式) 치러야지

공묘(孔廟)에서

열여섯 살 무녀와 예순여섯 살 남자가
불현듯 야합하여 사생아를 낳았더니
유교의
태산북두(泰山北斗)라
만대의 성인(聖人)이다

뜬 구름 주유천하 반기는 이 하나 없고
태평천국 이상향은 덧없는 꿈이던가
행단(杏壇)의
교학상장(敎學相長)만
만인궁장(萬仞宮牆) 이루셨네

측백(側柏)의 푸른 향은 그 분의 꿈이더냐
대성전(大成殿) 서린 향은 그 분의 영혼이냐
온 세상
등불을 밝혀
만세사표(萬歲師表) 이룬 이여!

제6부

아날로그의 추억

실버극장

꿈보다 추억이
아른아른 피는 곳

전설 속 사람들이
친척보다 그리워

나 혼자
그레이스 켈리의
푸른 눈과 마주쳤다

내 손자

미국에 있을 적엔
–헬로! 헬로!
하더니

한국에 오더니만
–여보세요! 여보세요!

수화기
거꾸로 잡고
전화 거는 고 녀석

아날로그의 추억

턱밑 열 마지기 소 판돈 처발라서
우골탑 사각모 쓴 이장 댁 막내 놈이
코빼기 내민 적 없는 고향마을 찾았다

설레어 가슴 뛰던 젊은 날 부푼 꿈은
오색등 불빛 찾다 허공에 날려 버리고
이제는 네온마저도 등을 돌린 탕아다

황혼에 머릿결은 노을로 물들어도
손자의 아들을 본 아흔 아홉 할머니는
조금만 더 살고 나서 영감한테 간단다

마흔 살 신랑 맞은 베트남 새 색시가
결혼식 석 달 앞서 쌍둥이를 뽑아냈다
내 동네 이십년 만에 터져 버린 팡파르

약봉지

봉(封)마다 찍힌 숫자
저승 가는 번호표다

밥 먹고 삼십분 후
허구한 날 먹고 나면

이승의
끝자락이라
하루 내내 아프다

보릿고개

청보리 이삭 패자 쌀독은 바닥났다
천석꾼 씨받이로 딸자식 보내 놓고
하늘 끝 바라보시던 어머님의 눈시울

허기진 산허리를 뻐꾹새는 울어대고
늦둥이 콧구멍만 빨다 지친 파리 떼
그 시절 가슴에 맺힌 추억마다 아리다

"밥 먹고 뛰지 마라 배 꺼진다" 그 말씀
황혼을 파고드네 가슴 아픈 엘레지
그대여, 보릿고개를 넘어본 적 있는가

아내

쓰레기 종량제로
가계부 구멍 난다

임대주택 옥상으로
햇볕 한 줌 빌려다가

음식물
쓰레기 말리며
코를 막는 내 아내

내 생가

가뭄이 발가벗고 불볕으로 타던 날
부나비 불빛 따라 세월만 구기다가
엄마의 탯줄로 엮은 내 생가를 보았다

실개천 한 가닥에 다랑논 목 추기다
새 둥지 수장(水葬)하고 가슴 앓던 아버님
저 하늘 어느 논배미 물을 대고 계신지

막둥이 새 고무신 마분지로 싸 들고
오일장 육십 리 길 달려오던 어머님
질마재 숨찬 고갯길 흔적조차 없어라

청첩장

내 자식 결혼식을
나만큼 기뻐하랴

쓴 웃음 묻어나는
소집영장 아닐까

보내고
받는다지만
내 맘은 천근만근

내 고향

앞동산 등허리에 아침 햇살 돋으면
실개천 물안개가 모락모락 피는 곳
종다리 노랫가락에 잠을 깨는 내 고향

잔주름 구긴 얼굴 손마디 거칠어도
새하얀 박꽃마다 달이 되는 밤이면
두견새 우는 사연에 눈물짓던 형제들

손바닥 다랑논을 하늘에 매어놓고
가을을 기다리다 한숨짓던 아버님
오늘도 허기진 노래 불러보는 망향가

하얀 눈 속삭이다 숨죽이는 밤이면
핏줄로 스며드는 주술 같은 그 가락
이 밤도 듣고 싶어라 어머님의 자장가

오서산 단잠 깨는 월정사 풍경소리
옥계천 굽이굽이 물들이는 저녁놀
세월이 시든 후에나 지울 수가 있으랴

어떤 선물

태평양 건너왔다 초음파 사진 한 장
이보다 기쁜 선물 세상에 또 있는가
엄마 배 걷어차느냐 버릇없는 귀염둥아

고 녀석 그려 보며 해를 보고 하하하
나 혼자 손주 본 듯 별을 보며 히히히
눈 덮인 매화 봉오리 활짝 필 날 생각하며

할아비 옥편 뒤져 이름 짓기 바쁘다
할미는 깃저고리 기우느라 흥얼흥얼
아가야, 너 대들보란다 우뚝 솟아 보아라

고향집 부뚜막

허기진 굴뚝에 저녁연기 피어나면
노을은 다소곳이 강물을 적십니다
어머니, 허공을 향해 당신을 부릅니다

솥뚜껑 여닫아도 지지리도 배고픈 삶
쪽박의 누룽지로 끼니 때운 그 자리
어머니, 부르고 싶어 다시 불러봅니다

그늘진 주름 사이 시들어 간 한평생
뼈 속에 바람 들어 연골마저 삭아 내린
어머니, 불효자식은 두 무릎을 꿇었습니다

아내의 손

삶은 고달퍼라
천근만근 등을 지고

모래펄 헤치면서
길을 찾는 낙타여

세월이 상처였구나
멍울이 진 그 손등

여명이 불러들인
핏기 가신 새벽달로

오늘에야 보았소,
당신의 굽은 손가락

여보오, 미안합니다
내 가슴이 저립니다

손자 보던 날

세상을 살다보니 이런 날도 있구나
살며시 잠든 모습 영락없는 내 손자
하늘에 보름달이요 한 송이 백합이라

시원한 이마에다 야무진 입술까지
지 애비 지 에미의 절묘한 예술 작품
이마는 애비 것이고 입술은 에미구나

순 토종 국산인데 어쩌다가 미국시민
그것이 문제더냐, 내 새끼가 분명한데
하하하 할미 할아비 함박웃음 짓던 날

간이역

가지 끝 바람처럼 무심코 스치던 곳
달래 냉이 장바구니 허리 굽은 내 엄니
이제야 가슴 속으로 저려오는 간이역

살다가 부대끼다 벼랑 끝에 몰리다
지친 삶 달래면서 숨 고르던 안식처
내 엄니 '젓갈 할머니' 숨소리도 사라져

이제는 상여 꼬리로 숨어버린 이야기
시들은 기적 소리 내 가슴을 적시는데
간이역 하늘 저편에 구름 한 점 떠도네

노인병동 204호

숨소리 잦아드는
회색빛 심연(深淵)이다

가버린 추억들이
동공(瞳孔)을 맴돌다가

고사목
구름 스치듯
승천하는 쉼터다

고백

사랑채 손님처럼 낯 설은 남자였소
굽이진 세월마다 허기진 인생살이
이것도 어쩔 수 없는 운명인가 싶구려

고왔던 목덜미는 세월로 구겼어도
당신의 흰 머리는 나에게 얹어 주오
가지 끝 스치는 바람 연시 같은 아내여

당신의 지아비란 이름 석 자 때문에
상처로 짓물러도 내색 지워 버틴 세월
내 가슴 젖은 자리에 차곡차곡 쌓였소

어차피 자식이란 한나절의 그림자
제비들 떠난 자리 추녀 밑이 시리구려
찬바람 아픈 가지에 봄은 다시 오려나

손가락 마디마디 알뜰살뜰 아픈 정성
어렵게 둥지 틀어 두 자식 길러 냈지
목메어 하고 싶던 말, 당신을 사랑해요

씨간장

석양빛 새어 드는 아흔 아홉 칸 고택*
삼백 오십 살 난 씨 간장이 살아 있다
대물린 가훈에 녹여 곰삭힌 영혼이다

풍운의 사직을 옥새로 지탱하던 시절
굽은 허리 관절 시린 할머니 적부터
종부의 쓰디쓴 삶을 삭혀낸 고혈이다

* 충북 보은 소재 보성 선(宣)씨 참의공파 종갓집

황혼 이혼

가지 끝 바람처럼 스치는 게 인연인가
족두리 얹은 자리 흰 서리 내리더니
깃 빠진 철새 울음은 임종 같은 메아리

나 죽어 슬퍼질라 앞질러 떠나는가
사랑이 미움 될라 두려워서 떠나는가
깊은 밤 시린 자리는 달빛 불러 오리다

저녁놀 조각구름 서산을 넘는구나
황혼의 연가라면 이별도 아름다워
여보게, 달이 뜨거든 밝은 길로 가시게

공산성(公山城)*에서

북관의 말발굽에 쫓기듯 밀렸어도
능선도 계곡도 끌어안은 사직의 품
천년을 가슴에 담은 하늘같은 꿈이었다

풍상에 버틴 세월 굽이진 마디마다
꿈속의 천년사직 비구름만 오락가락
공산성 비어있는데 조각달은 어쩌나

이끼 낀 성 둘레를 나 혼자 서성대다
무심한 인정들이 바람처럼 오가면
주름진 강물 흐르듯 나도 절로 나그네

* 백제가 한성에서 웅진(공주)으로 도읍을 옮긴 이후,
64년 동안 공주를 지키던 백제의 산성(사적 제12호)

사무사(思無邪)를 지향하는 미카엘의 여정

– 구충회 시인의 작품 세계

이 석 규
(사)한국시조협회 이사장
세계전통시인협회 상임고문

사무사(思無邪)를 지향하는 미카엘의 여정

– 구충회 시인의 작품 세계

이 석 규
(사)한국시조협회 이사장
세계전통시인협회 상임고문

1.

필자가 구충회 시인을 처음 만난 것은 2010년 여름 [시조생활] 하계연수로 부석사일대를 여행할 때였다. 그때 이미 유성규 박사에게서 시조를 배워 상당한 실력을 쌓은 신인으로서 점잖으면서도 뭔가 비범함을 안으로 갈무리하고 있는 듯한 인상을 받았다. 시조를 연구하고 창작함에 있어서 매우 열성적이고 적극적이라는 말도 들렸다.

그런데 그의 진면목은 세월이 지나면서 기회가 있을 때마다 조금씩 드러나기 시작했다. 뛰어난 기개와 언변으로 좌중을 압도하는가 하면, 술 한 잔 걸치고 게임이나 장기자랑을 할 때는 기상천외의 유머와 개그로 사람들을 웃음의 도가니로 몰아넣기도 하였다. 세월이 지남에 따라 협회의 일에 앞장도 서고, 필요할 때는 사람들을 설득하고 안심시키며, 일이 되는 방향으로 분위기를 이끌어 갔다. 구충회 시인은 한 마디로 창문을 활짝 열어 제친 정자처럼 앞뒤가 탁 트인, 활달하고 호방하며 카리스마가 넘치는 사나이었다. 이렇듯 끊임없이 에너지를 분출하는 듯한 열정이 있는가 하면, 반면에 속으로는 깊은 지혜와 섬세함을 갖춘 분이다. 정확한 판단력으로 특히, 진퇴가 확실하고 맺고 끊음이 분명하며, 사람과의 관계에서 의리와 예의에 철저한 사람이다.

다음 〈노을 빛 무지개〉는 그의 인생을 이야기한 시조 몇 편 중 하나다.

내 가슴 용광로에 불불듯 젊은 날은
심장의 고동소리 풋 가슴에 요동쳤고
무지개 일곱 빛깔은 하늘을 덮었었다

인생이 지칠 무렵 먹구름만 오락가락
만상은 허상인가 온데 간데 흔적 없고
푸른 빛 부풀던 꿈은 거품만 남았어라

묘비명 하나쯤은 새겨두고 싶었지만
애환에 시든 세월 상처 난 이름 석 자
무지개 일곱 빛깔은 노을빛이 되었네

〈노을빛 무지개〉 전문

이 시조의 첫째 수를 보면, 젊은 날의 열정으로 그의 가슴이 얼마나 뜨겁게 타올랐으며, 얼마나 드높은 포부와 꿈을 지녔는가를 알 수 있다. 그 기개가 하늘을 꿰뚫을 것 같다.

그러나 둘째, 셋째 수에서는 그 빛나던 꿈은 거품만 남고, '만상이 허상'이었던 것처럼 흔적도 없이 사라져 버렸다고 한다. '묘비명 하나쯤은 새겨두고 싶었지만' 남은 것은 무지개 일곱 빛깔 대신 상처 난 이름 석 자뿐' 어느새 '노을빛'에 물들어 인생이 저물어 가고 있음을 본다. 시 전편을 흐르는 분위기는 장중하고 비감하다. 그 가운데 해답이 보이지 않는다. 그렇게 불타오르던 열정이 한평생 인생살이 속에서 어떻게 전개되었는지, 어떤 능력을 발휘했으며, 무엇을 이루어 냈는지에 대하여 일체 언급하지 않고 있다. 그것은 다음 작품에서도 마찬가지다.

서당 집 칠 남매 중 끝물로 태어났지
허공을 짖어대는 똥개 새끼 한 마리 뿐
쥐뿔도 가진 것 없어 체면 씹고 살았소

누렇게 뜬 낯짝은 해 거른 메주뭉치
회충이 내 뱃속에 똬리 틀고 살았거든
지지리 못난 집구석 꼴 보기도 싫었소

〈미카엘〉 3수 중 첫수, 둘째 수

서당 집 칠 남매 중 귀엽고 귀여운 막내로 태어났는데 '회충이 뱃속에 똬리 틀고' 살았단다. 이 표현 하나만으로도 그 시절 대부분의 아이들처럼 부모형제와 이웃들과의 정다운 관계에도 불구하고, 쉽지 않게 살아왔음을 충분히 엿볼 수 있다. 이러한 사실은 위에서 인용한 두 편의 작품 말고도 〈나의 비망록〉, 〈보릿고개〉 등에서도 분명하게 드러난다. 시의 화자는 '허공을 짖어대는 똥개 새끼 한 마리뿐' 이라고 가난했던 가정형편을 고백한다. 이처럼 그는 어린 시절을 표현함에 아주 솔직하고 정직하다. 게다가 걸쭉하고 적나라하며 거침이 없다. "누렇게 뜬 낯짝은 해 거른 메주뭉치…"에서 보는 것처럼 자기 스스로에 대해 솔직하다 못해 오히려 과장된 비하도 서슴지 않는다.

그렇다면, 구충회 시인의 시 세계에 나타난 그의 인생은 과연 이것뿐일까? 내가 아는 구 시인이 교육계에 헌신한 세월은 그냥 평범하지만은 않았다.

그가 한평생을 살아오면서 젊을 때는 고등학교 국어교사로 이름을 날리고, 또 나이가 좀 들어서는 경기도 교육 정책과 행정의 가장 중요한 책임자로서 많은 조직원을 이끌고 경기도 교육발전에 최선의 노력을 경주한 것으로 알고 있다. 그는 교육적 신념이 투철하고 실전에서도 노련하며 포부가 큰 교육 행정가였다. 또한 가정적으로도 안정되고 단란하며 부족할 게 없는, 이른바 성공한 인생을 살아왔다.

그런데, 그의 이러한 긍정적 인생의 행로는 그의 시조 어느 구석에서도 찾아 볼 수가 없다. 그냥 어린 시절과 은퇴 후의 현재가 있을 뿐이다.

푸르락 누르락
누르락 붉으락

삶이란 그런 거다
변하는 게 인생이야

가시밭
헤쳐 나가다
쪼그라든 황혼이지

〈대추알〉 전문

자신의 인생을 '대추의 생애'에 투영하여 노래한 것으로 보이는 이 작품은 '푸르렀다가, 누렇게 변했다가, 붉은 색이 되도록 힘들게 '가시밭(을) 헤쳐 나가다 황혼으로 쪼그라드는 것'이라는 인식에 그냥 주저앉아 머물고 있다. 과연 인생이란 그런가? 그렇게 주저앉고 마는 것인가? 자신의 인생을 반추하는 작품들은 위에서 보았듯이 젊은 시절의 고난, 그리고 거품과 허상으로 대변되는 부정적인 면만 강조되고 있지 않은가! 그것은 뭘까? 구 시인의 진정한 의도는 어디에 있는 것일까?

대가리 피 마르자 무작정 집 나왔어
암내 맡은 수캐마냥 헐떡이며 살았지
어느 날 누가 불렀네, 내 이름 미카엘!

〈미카엘〉 3수 중 마지막 수

이 시조에도 똑같이 강조되는 것은 많은 사연과 이야기를 담고 있는, 귀하고 귀한 자신의 인생을 중장에서 "암내 맡은 수캐마냥 헐떡이며 살았지"라고 평가절하 하고 있지 않은가? 그 이유를 자신의 노력이나 열정을 직설적으로 표현하기에는 너무 수줍거나 멋쩍어서 슬쩍 말을 돌리는 유머라고 이해한다 해도, 아직 미진한 점이 그대로 남아 있다. 이러한 고백은 자신의 진실에 대하여 자학까지는 아니더라도, 적어도 부정적으로 표현하고 있는 것은 확실하다. 다만 '헐떡이며'에서처럼 열심히 노력했다는 그래도 긍정적 시각이 숨어있기는 하다. 이처럼 진실을 감추고 주저하며 시간을 끌던 그가 마침내 엄청난 대답을 내놓는다. 그것은 바로 이 시조의 종장에 딴전피우 듯이 가볍게 던지는 말이다.

"어느 날 누가 불렀네, 내 이름 미카엘!"

자기 이름이 '미카엘'이라는 것이다. 스스로 미카엘인 것이 아니라, 누가 그렇게 불러주었다는 것이다. 물론 미카엘은 가톨릭 교인으로서 본명이기는 하다. 그런데 구 시인은 "내 이름이 미카엘"이라는 바로 그곳에 착목하고 있음이 분명하다. 이제부터 내 이름이 미카엘이고 미카엘이 내 이름이라는 것이다.

미카엘이 누군가? 밀턴의 실낙원에 자세히 소개된 천사(天使) 중에서 최고의 전사(戰士)로 사탄(루시퍼)을 천국에서 하늘 아래로 물리쳐 쫓아냈다는 천사장이 아니던가! 다시 말하면, 하나님의 명령을 수행하는 천군천사의 총사령관이며, 하나님을 수호하는 천사들의 대표적 용사요, 정의의 사도인 것이다.

여기서 기개도 드높은 구충회 시인의 숨겨진 진정한 꿈이 미카엘을 표방하고 닮아가는 인생이라는 것, 그것이 모든 것의 해답이라는 것을 강하게 암시하고 있다. 참으로 놀라운 반전이 아닐 수 없다. 이것을 위하여 자신의 젊은 날은 힘들고 보잘 것 없어 보이지만, 그러나 인고의 세월이었음을 그리고 모든 것을 이겨

내었음을 고백하고 있는 것이다.

오욕에 젖었으면
햇볕에 말려야지

세파에 찌든 때는
달빛으로 빨아야지

번뇌가
묻은 거라면
별빛으로 지우리

〈사무사(思無邪)〉 전문

이 작품은 인간 세상을 뒤덮는 듯한 죄악의 본질인 오욕과 세파에 찌든 때, 그리고 번뇌를 극복해서 사무사를 이루어야 한다는, 또는 이루어내겠다는 자신의 의지요, 인생을 드높은 경지까지 끌어올리고자 하는 비장한 결단이다.

사무사(思無邪)란 말은 논어에 나오는 공자의 말씀으로 詩三百 一言以蔽之 日思無邪(시경의 300편의 시를 한마디로 개괄하면 사무사(思無邪), 곧 생각을 바르지 않게 함이 없다)라고 하는, 이른바 성리학에서 많은 선비들이 수신(修身)의 덕목으로 삼았던 유명한 구절이다. 내 이름이 미카엘이라는 것, 미카엘이 되어가는 인생은 사무사(思無邪)를 이루어야 한다는 신념과 가치관이 일관성 있게 그의 시조의 정신적 바탕을 이루고 있음을 알 수 있다.

한 마디로 이 시조 〈사무사〉는 심미적 감수성의 수준을 넘어서 인간의 근원을 지향하는 당위론적 자기 고백이며, 스스로에게 외치는 소리 없는 사자후(獅子吼)라 할 것이다.

툭하면 각(角)세우길 좋아했던 너였어
개밥에 도토리라 눈칫밥만 먹었는데
어쩌다 저리도 고운 몸매가 되었을까

밟히고 채이다 구르고 조각나다
아드득, 한(恨)으로 이를 갈던 숱한 세월
네 이름 얻기까지는 무던히도 아렸으리

옹이 박힌 아픔이 사리로 구르듯이
이제는 너를 감싼 개울물도 돌돌돌
물 젖은 인어로구나 신음 같은 향내 난다

〈조약돌〉 전문

개성이 남달라 따돌림을 받던 사람도 인생길을 가면서 밟히고, 채이고, 구르고, 조각나는 시련을 겪다보면, 자신도 모르는 사이에 원만한 인격체로 거듭나는 것이다. 하물며, 타인으로부터 존경받는 인물이 되기까지는 고통과 한(恨)으로 점철된, 긴긴 세월을 참고 견뎌내야 할 것이다. 마치 '조약돌이 그 이름을 얻기까지 무던히도' 긴 인고의 세월을 보냈던 것처럼.

시인은 각진 돌이 아름답고 매끈한 조약돌로 변신하기까지의 과정이 인간세상과 다름이 없음을 보여주는 것이다. 아니면, 사무사(思無邪)를 실현하기 위하여 시작을 통한 심신의 수련으로 인격의 완성을 도모하려는 시인의 이상일 수도 있으리라.

II.

미카엘이 이루려는 세계는 위에서 살펴본 바와 같이 사무사, 곧 정의와 진실을 넘어 사랑을 완성해가는 여정이기도 할 것 같다. 왜냐하면, 이제까지 살펴본 구충회 시인의 작품세계는 자기 사랑으로 가득 차 있기 때문이다. 나르시스처럼 끝없이 자기를 들여나보며 자신의 의미, 그 미추(美醜)를 반추하고 있지 않았던가!

공자(孔子)가 제(齊)나라 환공(桓公)을 만났다. 환공은 다음과 같이 공자에게 묻는다. “나에게 역아(易牙)라는 신하가 있는데, 나를 위하여 자기 어린 아들을 삶아서 요리를 해서 바친 적이 있소. 선생에게는 이처럼 공경하는 제자가 있소?” 공자는 대답한다. “그런 제자는 없습니다.” 돌아오는 길에 공자와 함께 동행하던 자로(子路)가 스승에게 여쭙는다. “스승님, 저희들이 그런 제자가 못되어 심히 부끄럽습니다.” 공자가 대답한다. “원래 임금보다 자식을 더 사랑하는 것이 인간의 본성이다. 그런데 더 사랑하는 자식을 죽여 덜 사랑하는 임금에게 바치는 것은 본성을 역행하는 것이다. 나에게 그런 제자가 없는 것은 참으로 다행스러운 일이다.”

그렇다. 사람은 본능적으로 가장 가까운 사람부터 사랑하는 것이 당연하다. 그런데 가장 가까운 사랑의 대상이 보통은 부모와 처자식이지만, 다시 생각해보면 누구보다도 자기 자신이 먼저다. 따라서 자기 자신을 사랑할 줄 알아야 한다. 자기 자신을 철저히 사랑할 수 있는 사람이라야 부모 형제에 대하여서도 사랑을 더 잘 할 수가 있다. 사랑은 자기사랑의 동력으로부터 그 테두리 밖으로 멀리 멀리 확산되어 나아가는 것이 순리이기 때문이다.

앞에서 보아온 것처럼, 구 시인은 진실로 자기를 찾고 세상의 명리 저 너머에 있는 근원적 성취를 위해, 안주하지 않고 열정을 다해 자기사랑의 길을 성실하게 걸어왔다. 그런데 여기서 중요한 또 한 가지 사실은 자기를 올바르게 사랑하려면 남을 사랑해야 한다는 것이다. 아이러니한 이야기지만, 남을 사랑함으로써 자기를 사랑으로 가득 채우는 것이야말로 자기사랑의 최선의 길이기 때문이다. 그 길은 말 그대로 사무사(思無邪)를 실행하는 길이며, 미카엘이 되어가는 길이다. 그리하여 구충회 시인의 시 세계는 수없이 자신의 인생을 반추하면서 가족은 물론 이웃, 사회, 우리가 살아가는 자연과 대한민국을 품고 있다, 대한민국에 속해 있는 모든 것, 역사와 문화와 풍속까지 그의 사랑은 가지가지이며, 끝이 없는 듯하다. 특히, 아내에 대한 사랑은 그야말로 눈물겹다.

사랑채 손님처럼 낯 설은 남자였소
굽이진 세월마다 허기진 인생살이

이것도 어쩔 수 없는 운명인가 싶구려

고왔던 목덜미는 세월로 구겼어도
당신의 흰 머리는 나에게 얹어 주오
가지 끝 스치는 바람 연시 같은 아내여
........중략........

손가락 마디마디 알뜰살뜰 아픈 정성
어렵게 둥지 틀어 두 아들 길러 냈지
목메어 하고 싶던 말, 당신을 사랑해요

〈고백〉 5수 중 첫수, 둘째 수, 마지막 수

부모자식간의 사이를 1촌이라 하고 형제사이를 2촌이라 한다. 그런데 그보다 가까운 것이 부부사이다. 오죽하면 무촌이라 하지 않았던가. 처음에는 가슴 설레는 연인의 관계였다가 일단 부부가 되고 나면 꿈같은 달콤한 생활을 지내고, 사랑이 지나쳐 서로 너무나 미쁘고 편안한 사이가 되다보면, 긴장의 끈을 완전히 놓아 상대를 함부로 대기도 한다. 물론, 잦은 부부싸움의 기간을 거칠 수도 있다. 이와 같은 과정을 잘 컨트롤하며 이해와 존중으로 이끌어간 세월 속에 맺어지는 깊은 관계는 갈수록 상대에 대한 말할 수 없는 신뢰와 태산 같은 정분을 가슴 가득 쌓아 놓게 되는 것이다. 이런 것을 미운 정 고운 정이 다 들었다고 하는 것이다. 그러므로 부부 사이에는 허물도 없고 부끄러운 것도 없다. 이것도 허용되고 저것도 용납된다.

구 시인이 설혹 이처럼 깊은 마음으로 아내를 사랑한다 하더라도, 워낙 호탕하고 카리스마가 넘치기 때문에 아내에게 때로는 상처를 줄 수도 있었을 것이다. 이러한 모든 바탕위에 이루어진 아내에 대한 진정을 이 시조는 아주 잘 나타내 주고 있다.

그는 아내가 인식하는 자신의 모습에 대해 '사랑채 손님처럼 낯 설은 남자' 였을 거라고 고백한다. 그러면서도 아내에 대하여 말로 표현할 수 없는 사랑의 마음을 섬세하게 담아내고 있다. "굽이진 세월마다 허기진 인생살이", 바람이 스치는 가지 끝에 매달린 '연시 같이 여리고 곱던 아내' 의 목덜미는 주름이 잡히고 "손가락 마디마디 알뜰살뜰 아픈 정성"으로 "어렵게 둥지 틀어 두 아들을 길러" 낸, 생각할수록 장하고 살뜰한 아내였기에 저절로 가슴에서 우러나는 감사와 사랑을 고백하고 있는 것이다. 진정은 독자로 하여금 저절로 공감으로 젖어들게 한다. 놀라운 필력이 아닐 수 없다. 이러한 아내에 대한 사랑 고백은 아래의 시조에서도 아주 잘 나타나고 있다.

삶은 고달퍼라 천근만근 등을 지고
모래펄 헤치면서 길을 찾는 낙타여
세월이 상처였구나 멍울이 진 그 손등

여명이 불러들인 핏기 가신 새벽달로
오늘에야 보았소, 당신의 굽은 손가락
여보오, 미안합니다 가슴이 저립니다

〈아내의 손〉 전문

한평생 그 모진 세월을 헌신으로, 희생으로, 피 맺힌 노력으로 잘 견디고 극복해온 아내의 모습은 "천근만근 등에 지고 모래펄 헤치면서 길을 찾은 낙타"요, '세월의 상처로 남은 멍울진 손등과 굽은 손가락' 뿐이다. 문득 깨닫고 보니 만신창이가 된 아내의 모습을 보며, 말할 수 없는 보호 본능과 연민의 정으로 가슴 저미는 한 사내의 진정이 잘 그려져 있지 않은가! 그의 아내 사랑은 이렇다.

미국에 있을 적엔
—헬로! 헬로!
하더니

한국에 오더니만
—여보세요! 여보세요!

수화기
거꾸로 잡고
전화 거는 고 녀석

〈내 손자〉 전문

아직까지 수화기도 제대로 잡을 줄 모르는, 어린 손자다. 미국에서 살 때는 영어를 쓰더니, 한국으로 온 지 얼마 안 되어 "수화기 거꾸로 잡고" 우리말로 전화하는 시늉을 한다. 손자의 모습이 참으로 귀엽고 신통하다. '그 녀석' 대신 "고 녀석"이란 말은 얼마나 앙증맞은 표현인가. 총명하고 똑똑해서 이다음에 뭔가 크게 될 것 같다. 일상에서 보는 어린 손자의 구체적인 행동을 포착하여 생동하는 사랑스러움을 형상화 해 내는 솜씨가 일품이다.

박꽃이 달빛 된다 이런 밤에 잠이 오랴
모깃불 쑥 내음에 멍석을 펼쳐 보라
어머님 수제비 맛이 혀끝으로 돌 테니

개구리 제짝 찾아 흥겹게 노래하면
올케와 시누이도 형제 되는 밤이라서
쑥댓불 알싸한 내음 싫지 않아 정답네

〈여름밤〉 3수 중 첫째, 둘째 수

하얀 박꽃이 어둠을 밝히는 여름밤이면, 온 가족이 멍석을 깔고 앉아 오순도순 이야기를 나눈다. 모깃불에 타는 쑥대의 향긋한 냄새를 맡아가며 먹는 어머니의 수제비 맛은 구수하기 이를 데 없다. 이럴 때면, 평소에 사이가 좋지 않았던 시누이와 올케도 한마음이 된다. 정다운 가족들이 따뜻한 사랑으로 하나 되는, 그림 같은 농촌의 여름밤을 재현하고 있다.

이처럼 구충회 시인은 가족에 대한 사랑은 물론, 어린 시절의 고향과 그에 속한 아날로그적인 모든 것을 깊이 가슴에 품고 있음을 알 수 있다.

Ⅲ.

구충회의 시 세계에 녹아 흐르는 있는, 또 하나의 영역이 바로 자연이다. 우리의 자연은 예로부터 금수강

산이라 해서 우리민족은 물론, 이웃나라 사람들까지도 칭송해 마지않았다. 계속되는 난개발로 자연이 훼손되어가고, 자연이 주는 특유의 신비감, 경외감들이 자꾸 사라져 가는 것 같아 아쉬운 마음도 있지만, 그러나 여전히 아름답고 정다운 것이 우리의 자연이다. 구충회 시인이 자연을 사랑하는 마음은 천석고황(泉石膏肓)의 지경에 이르렀지만, 그것을 표현하는 방식에 있어서 다른 사람들과는 다소 다른 특성이 있다.

하나는 자연을 사랑하는 마음마저도 걸쭉한 농이나 유머에 담아 한 바퀴 돌려 짐짓 딴전을 피우듯이 비켜서 표현하는 경향이다. 이를테면, 직설을 피하고 말을 돌려 타이밍을 늦추는 여유로써 한국적 구수한 맛을 고조시키다가 폭발하듯 걸쭉하게 쏟아 붓는다.

순결한 척
청초한 척
호박씨 까더니만

하얀 달빛
쏟아 붓는
밤에만 피더니만

초가집
여기저기에
달덩이만 퍼질렀다

〈박꽃〉 전문

이 시조는 박꽃의 순결하고 청초한 아름다움을 특유

의 심미감으로 은유와 의인을 통하여 이미지화한 작품이다. 그런데 박꽃이 청초한 척, 순결한 척 내숭을 떨었다는 것이다. 그러느라고 밤에만 피었다는 것이다. 그러더니, 앙큼하게도 아무도 모르는 사이에 "초가집 지붕위의 여기저기에 달덩이를 퍼질렀다"는 것이다. 박꽃의 순결하고 청초한 모습을 유머로 감추는 듯하면서도 사실은 달빛 어린 초가집 지붕위에 주렁주렁 열린 달덩이 같은, 박들의 풍성한 이미지와 그 분위기를 잘 살려내고 있다. 아무튼 박꽃은 임산부로 의인화하여 놀려먹는 짓궂음의 프리즘을 통과하느라고 약간은 희화화한 이미지이다. 한 마디로 아름다움을 아름답다고 표현하는 데 있어서도 남성 특유의 그리고 한국의 토속적 걸쭉함의 기질적 색깔을 덧입히고 있음이다.

이러한 유형의 작품으로 〈가을 산〉을 들 수가 있다. 만추에 절정에 이른 단풍의 이미지를 '만취' 했다고 한다. 폭탄주를 그것도 '석양에 노을 섞어' 만든 폭탄주를 많이 마셔서 그렇다는 것이다. 그리고 인생에 대한 깨달음을 푸념으로 털어 놓는 것도 그러하다. 이러한 것은 호방한 자의식 안쪽에 숨어 있는 여리고 순수한 감수성을 표출하는 시인 나름의 표현방식이요, 특성으로 보인다.

또 하나는 자연과 함께 우리의 문화유산을 사랑하되, 투철한 역사관 속에서 관조한다는 것이다.

내 가슴 태운 자리 한(恨) 심고 떠난 이여
봉수당(奉壽堂) 회갑연에 축수잔 받자오니

아들의 지극한 효성 천만세를 빛내리다

뒤주 속 제 아비를 눈 뜨고 어찌 보랴
식음을 전폐하고 살려 달라 애원해도
권력은 가혹하여라 서슬 퍼런 칼날이여

슬퍼서 울어주랴 미쳐서 웃어주랴
골수에 맺힌 원한 녹아내린 슬픔인 걸
울어라 내 아들이여, 엉킨 한(恨)을 풀어라

〈화성행궁에서〉 전문

화성행궁의 아름다움이나 경관, 또는 건축물에 대한 묘사 등은 뒷전에 물러나 보이지도 않는다. 오히려 그곳에 서려 있는 슬픈 역사적 사실만을 정면으로 다룬다. 정쟁에 희생된 장헌세자의 비극을 해원(解冤)하는 아들 정조의 정성어린 효심과 그것을 위로하는 부정(父情)만을 그리고 있다. 이런 유는 〈동이네 막국수〉, 〈팔달산 뻐꾸기〉, 〈시조여, 겨레의 얼이여!〉에서도 잘 나타난다. 〈동이네 막국수〉는 단지 이효석 생가 마을에 있는 막국수 집일뿐인데, 막국수 집에 관한 이야기가 아니라, 이효석의 단편소설 〈메밀꽃 필 무렵〉에 나오는 동화 같은 허생원의 아름답고 애틋한 사랑의 현장에 대한 감회를 그리고 있다. 〈팔달산 뻐꾸기〉는 '날만 새면 울어대는' 뻐꾸기의 울음을 화자의 젊은 날로 휘갑쳐서 표현하고 있다는 점에서 그러하다.

이와 같은 특성은 그의 시조 곳곳에서 발견할 수 있다. 그런 가운데 겨레와 역사와 자연을 사랑하는,

확실한 메시지를 담고 있음을 본다. 앞에서 언급했던 〈새한도 1〉도 그렇고 〈청자를 보며〉, 〈선운사 동백꽃〉을 봐도 그렇다.

성골의 뼈를 갈은
하얀 흙이겠지

산이랑 강에다가
달빛 뿌려 빚었으리

아뿔사,
학이 날던 날
도공은 눈멀었네

〈청자를 보며〉 전문

적어도 고려청자의 비색(翡色)을 우려내려면 자질부터 달라야한다. 오직 민족의 정체성을 이어오는 '성골의 뼛가루' 여야 한다. 그 귀한 하얀 흙을 수천 년 동안 '달빛을 뿌려' 순화해서 빚어내는 정성과 그 과정이 필요하다. 그리하여 청자가 완성되어 학이 날아오르자, 모든 생명력을 쏟아낸 도공은 눈이 멀어 버렸다는 것이다. 더 이상의 아름다운 것은 만들 수도 없고 볼 수도 없다. 상상도 못할 만큼 최고의 재료와 목숨 바친 성심이 어우러지고서야 비로소 완성된 청자라는 것이다. 청자에의 의미부여도 그러하거니와, 동화와도 같은 화자의 정성어린 상상력이 돋보인다.

청자에 학이 날고 백자에 달이 뜨던

그 기운 서린 얼에 젖어 살던 사람아
시조는 영혼이란다 가슴 깊이 새겨라

물 닮아 지혜롭고 산 닮아 어진이여
은물결 파도 소리 굽이진 능선마다
아리랑 젖어든 그 가락 마디마디 주옥이다

시조는 겨레의 얼 민족의 꽃이란다
고운 마음 고운 노래 함께 지어 부르자
그 가락 세월 넘어서 지구촌을 울리리

〈시조여, 겨레의 얼이며〉 전문

이 작품은 완상하고 즐기는 차원에서 머무는 것이 아니다. 시조는 우리민족의 영혼이라 할 만큼 민족정신과 정통성을 함유하고 있는 문화유산임을 일깨우고 있다. 구 시인은 여기서 그치는 것이 아니라, 시조는 겨레의 얼이요 민족의 꽃이니, 갈고 닦아서 시조의 세계화까지 주창하고 있는 것이다. "웅변은 듣는 것이요, 시는 엿듣는 것"이라고 말한 영국의 철학자 존 스튜어트 밀의 말을 음미해 보면, 우리의 전통시인 시조에 대한 구 시인의 남다른 애정과 시조를 발전시키려는 의지를 이 작품에서 엿들을 수 있다.

Ⅳ.

구충회 시인의 작품세계에서 가장 두드러진 시대정신의 하나가 바로 나라사랑 겨레사랑이다. 아마도 그

것은 우리나라가 분단국가라는 특수성과, 주변에 중국과 일본, 러시아 등 세계 최강국들의 이해 속에서 크게 요동치는 현실적 인식의 발로일 것이다. 또한, 안보가 보장되지 않고는 개인의 생명과 재산은 물론이요, 국가사회가 존재할 수 없다는 절박한 위기의식과 역사의식에서 비롯된 국가관이라 할 수 있다.

칼바람 몰아치네 가슴 아린 삼팔선
병사의 피울음이 달빛을 적시는데
요단강 끝자락에서 들려오는 진혼곡

역사의 고비마다 산화한 영혼들은
피맺힌 능선 따라 구천을 맴도는데
목젖을 저민 소리로 통일을 외치는데

해산령 깊은 계곡 피를 토한 파로호
이산의 통한이 봇물 되어 넘치거늘
저 언덕 평화의 종은 언제쯤 울리려나

〈비둘기의 노래〉 5수 중 첫수, 둘째 수, 셋째 수

이 시조는 그의 민족과 역사에 대한 애절한 사랑으로 점철되어 있다. 말 그대로 전쟁의 폐해와 그로 인하여 스러져간 수많은 젊은 영혼들에 대한 안타까움, 그리고 갈라진 민족이 하나 되어 평화로운 나라를 건설하고 세계문화사를 이끌어 나아가기를 간절히 염원하는 애국충정이 절절히 넘친다. 또한, 문장이 웅장하고 강한 필력과 호소력이 돋보이는 작품이다.

동강 난 한해라서 그 마디가 아픈가
핏줄이 돌다 멎으면 그 지경 되는 게지
뻐꾸기 또 울고 있다 산허리가 저리다

산새도 넘나드는 휴전선아 말해다오
조국을 반토막낸 철조망이 웬 말이냐
망배단 향불 연기도 승천하는 밤인데

이 세상 다하는 날 또 다시 만나려나
"살아서 오겠노라" 첫날밤 그 한 마디
밤마다 사진첩 열어 그 목소리 듣는 다오

〈6월이 오면〉 전문

원래는 모두 다 우리 땅인데, 철조망으로 가로막혀 산새만 넘나드는 곳, "뻐꾸기 울음소리에 산허리가" 저리단다. 벌써 70여 년 전이다. 해마다 6월이 오면 저며 오는 이산(離散)의 아픔이 어찌 그들만의 아픔일 수 있으랴. "마디가 아프다. 산허리가 저리다. 조국을 반토막낸 철조망, 망배단의 향불연기가 승천한다. "살아서 오겠노라"던 "첫날 밤 그 한마디" … 묵직하면서도 리얼리티가 넘친다. 진정을 다해 외치는 절규에 나라를 사랑하는 큰 사람의 풍모가 느껴지는 대목이다.

〈천안함이 울고 있다〉는 동족을 배반한 야욕의 도발로 생명을 잃게 된, 국군장병에 대한 애절한 사랑과 슬픔, 그리고 이러한 폭력행위를 근절하고 이 나라 이 겨레의 진정한 평화가 깃들기를 소망하는 간절함이 잘 나타나 있다. 〈밤에 본 한반도〉는 우리의 힘이 미치지 못하여 고통 받는 북한 겨레의 암흑상을 고발하고 있으며, 〈징비록〉은 400여 년 전 옛 이야기지만, 우리가 대비하지 못해 일본 주구들의 손에 폐허가 되고 겨레의 선남선녀들이 참혹하게 유린을 당했으며, 국위가 치명적으로 훼상됨을 가슴 아파하는 깊은 나라사랑의 진정을 담고 있다.

이러한 마음의 극진함은 〈강남스타일〉을 통해서도 잘 나타난다. K-pop이 세계에 이목을 이끌어가는 때에 세계를 휩쓸 듯이 수억 명이 따라 부른다는 〈강남스타일〉의 기세를 "지축이 요동치는/천마의 발굽 소리// 오대양 육대주를/주름잡은 승전고"라며, 결론은 "젊음아/ 북녘도 녹여라/ 평화통일 위하여"로, 결국 이 나라 이 민족의 소망이 이루어지기를 바라는 지극한 나라사랑으로 귀결된다. 이것이 구충회 시인의 시 세계의 중심 주제임을 다시금 확인할 수 있다.

이 밖에도 〈꽃제비〉, 〈명함〉들은 북한 인권을 비롯하여 진실을 잊고 사는 인간들의 허세를 풍자 및 비판하고 있으며, 〈신도시 겨울아침〉은 문명의 폐해를 고발하고 있다.

아무튼, 그의 모든 작품들은 이 나라의 문화와 역사와 이 민족의 애환으로 얼룩진 삶의 이야기, 그리고 어서 통일이 되어 이 나라가 바르게 우뚝 서기를 바라는 시인의 비원이 위의 모든 시조에 일이관지(一以貫之)하고 있음을 본다.

V.

임이여, 하현달로
그려 놓은 박제였네

핏기는 노을 되고
뼈만 남은 저 기백

가지 끝
몸부림치는
승천이라 시리겠다

〈세한도 1〉 전문

잘 알려진 바와 같이, 세한도(歲寒圖)는 추사(秋史) 김정희(金正喜)가 제주도에 유배 가서 오랜 시련의 시기를 보내고 있을 때, 의리를 잊지 않고 불원천리 찾아와준 제자 이상적(李尙迪)에게 그려준 그림이다. 오직 먹 하나만으로 일체의 장식적 요소를 배제하고 빈집과 다 죽어가는 노송, 그리고 잣나무 세 그루가 전부인, 말 그대로 황한소경(荒寒小景)이 조촐하기 그지없다. 언뜻 초라해 보이지만, 볼수록 꿋꿋한 선비 정신을 형상화한 조선 문인화의 대표적 걸작이다. 시인은 바로 이 그림에 빠져 있다. 눈이 왔는지 세상은 희끄무레하고 희미한 하현달과 늙은 소나무는 박제처럼 차갑다. 한겨울 추위 속에 가느다란 생명력인 핏기마저 노을처럼 희미하게 지워져 간다. 그런데 이건 뭔가? 뼈대 속에 숨어 있는 굽힐 줄 모르는 저 강인한 기상은? 더구나 그것은 종장의 '가지 끝'에 시리게 울음 우는 북풍한설(北風寒雪)과 '몸부림치는 승천'으로 이른바 논어의 '歲寒然後 松柏之後凋'의 변함없는 의리와 굽힐 줄 모르는 선비정신을 은유하고 있지 않은가! 사무사(思無邪)의 가르침을 새기고 사는 구 시인의 이 시조는 시대를 꿰뚫고 면면히 이어오는 그 선비정신을 잘 이해하기에, 이렇게 아프게 또는 아름답게 새로운 세한도의 이미지를 형상화하고 있는 것이다.

도솔천(兜率川) 단풍쯤은
환락가의 웃음거리

구름 속 천년 세월
두 무릎 꿇어야만

하얀 눈
서방정토에
내려 주신 핏방울!

〈선운사 동백꽃은〉 전문

먼저, 선운사 앞을 흐르는 도솔천(兜率川)의 단풍과 동백꽃을 비교 대조한다. 전자는 그 자체로 절경이지만 후자와 비교를 한다면 '환락가의 웃음거리'에 불과하단다. "선운사 동백꽃"은 그냥 동백꽃이 아니다. 구름 속 깊은 정토(淨土)에서 적어도 천년(선운사의 역사)은 무릎을 꿇고 기도를 한 연후에야 비로소 눈처럼 순결한 땅에 하늘이 "내려주신 생명의 핏방울"이다. 이것은 말 그대로 아주 먼 곳에서 찾아낸 '낯설게

하기' 요 의미부여다. 그야말로 눈부신 이미지 창출인 것이다.

시인의 바로 이러한 이미지 창출을 통한 아름다움에 이르려는 집념 속에는, 젊은 날에 품었던 그 놀라운 기백과 가슴 뛰던 열정이 녹아 있음을 본다. 눈 덮인 설원에 피어난 그 신비로운 동백꽃의 붉은 생명력과 그것을 위해 천년을 기도하는 정성 말이다.

꿈보다 추억이
아른아른 피는 곳

전설 속 사람들이
친척보다 정겨워

나 혼자
그레이스 켈리의
푸른 눈과 마주쳤다

〈실버극장〉 전문

세월이 흘러 저물어가는 인생의 계절에 젊은 시절을 그리워하며, 찾는 곳이 바로 실버극장이다. 아날로그를 살아온 사람들에게는 잊었던, 또는 희미해져가는 옛 기억들, 생활과 이야기와 사랑이 담긴 그 시절의 낭만이 재현되는 곳이다. 영화 그 자체도 좋지만, 그 날들의 흔적들을 발견하고 만나고 다시금 경험하는, 참으로 '친척보다 더 정겨운' 추억의 현장이다.

초장과 중장은 과장하지도 특별히 힘을 주지도 않고 있다. 그냥 잔잔하게 추억을 만나는 정겨운 현장을 속삭이듯 말 해주고 있다. 그러나 종장에 와서는 갑자기 충격적인 해후가 이루어진다. 이 작품에서 "그레이스 켈리의 푸른 눈"은 정말로 구체적이고 감각적인 표현이다. 아마도 시의 화자는 정말로 그레이스 켈리를 좋아하는 팬으로 영화 속에서 그녀를 만난 기쁨을 단순하게 표현 것일 수도 있다.

어쩌면, 젊은 날 사연이 있는 인연을 우연히 마주쳤을 수도 있고, 그 인연의 은유적 표현일 수도 있다. 그러나 이 종장은 그 이상의 의미를 함축하고 있는 것이다. 그것은 젊고 낭만이 충일하던 꿈같은 시절을 만나 푹 빠져버리게 된 것의 총체적 의미일 수도 있다. 그 시대의 정수(精髓)라 할 수 있는 가슴 설레는 생의 한 자락과 해후하는 순간의 짜릿함을 이렇게 표현한 것일 수도 있다는 것이다. 물론 그것은 환유(metonimy)다. 아무도 그렇게 표현 한 적이 없는 환유를 통한 이미지 곧 "그레이스 켈리의 푸른 눈"을 그야말로 창조해 낸 것이다.

구충회 시인의 시조를 전반적으로 볼 때, 감각성보다는 깊이와 장중한 흐름을 중시하는 경향이 있다. 따라서, 시대정신과 역사의식이 투철한 작품이 많은 것도 우연이 아니다. 오욕과 환희, 좌절과 희망이 소용돌이치는 질풍노도의 분단시대를 마감하고, 정의가 꽃피고 평화가 넘치는, 통일의 그 날을 염원하는 시인정신이 참으로 곡진하다. 적확한 어휘를 찾아내어 절묘한 타이밍에 이미지를 창출해내는 기지(機智)는 재능 없이 이루어지는 것이 아니다. 깊은 흐름 가운데 간간이 나타나는 천재성의 기쁨을 맛볼 수 있게 해 준 시인에게 감사한다.

이제 말을 줄여야겠다. 아직도 꿈과 열정이 충만한 70대의 청년, 구충회 시인께서 시조를 통해 미카엘을 만들어가는 여정에 박수를 보내고 싶다. 기개와 사랑이 넘치는 기품으로 열정을 다하는 시조시인의 길을 걸으며, 우리 시조단에 귀감이 되기를, 문단사에 남는 명작을 남기기를 충심으로 기원한다.

후기

졸작이라 부끄럽고 두렵다.

오랜 고심 끝에 '용기'를 방패삼아 졸저를 선보이기로 결심했다.

어느 시인은 시인이 되려면 "하루에도 70만 번씩 철썩이는 파도같이 제 스스로를 부르며 울어야 한다"고 했다. 이 얼마나 지난하고 외로운 길인가. 더구나 글재주를 타고나지 못한 필자의 처지를 생각해보면, 능력 밖의 일이라 염려하지 않을 수 없다.

공자는 논어(論語) 위정편(爲政篇)에 이르기를 "『시경(詩經)』 삼백 편의 내용을 한마디로 말하면, 사무사(思無邪)"라 했다. 사무사(思無邪)란 생각함에 사특함이 없음을 말함이니, 티 없이 맑은 가을 하늘처럼 순수한 마음으로 사물을 있는 그대로 보고, 있는 그대로를 받아들일 수 있는 '순정(純情)'의 정신 상태라 할 것이다. 그래야 사물의 실체를 제대로 보고 본질을 파악할 수 있기 때문이리라. 결국 시란 '사무사(思無邪)'라는 순정의 경지에서 생성된 문학의 한 장르가 아닌가 싶다.

필자는 청자에 학이 날고 백자에 달이 뜨던 우리 민족의 전통시 '시조(時調)'를 아끼고 사랑한다. 사무사(思無邪)로 정화(淨化)된 노래를 절제의 선율에 맞춰 목청껏 부르고 싶다. 방만한 자유의 끝자락에 필연적으로 남게 될 공허가 두렵기 때문이다. 부족하나마 필자가 쓴 글이 저 자신과 저의 삶이 농축된 완결의 미학을 추구하는 데 조금이나마 보탬이 되었으면 좋겠다.

생각해보니, 시천(柴川) 유성규(柳聖圭) 박사님에게 사사(師事)를 받기 시작한 지도 어언 6년에 접어들고 있다. 참으로 민망하기도 하거니와 편찮으신 중에도 서문까지 써주셨으니, 송구한 마음 이를 데 없다. 또한, 필자에게 각별한 관심을 가지고 평설을 써주신 이석규 교수님께 감사드린다.

2016년 가을

구 충 회

노을빛 수채화

인쇄일 | 2017년 1월 25일
발행일 | 2017년 1월 25일

지은이 | 구 충 회
펴낸곳 | 도서출판 조은
발행인 | 김화인
편집인 | 김진순
주소 | 서울시 중구 을지로20길 12 대성빌딩 405호
전화 | (02)2273-2408
팩스 | (02)2272-1391
출판등록 | 1995년 7월 5일 등록번호 제2-1999호
ISBN | 978-89-94329-98-7
정가 | 12,000원